Yo soy mi árbol genealógico

Lola de Miguel Campos

Yo soy mi árbol genealógico

Aprende a crear, interpretar y sanar tu árbol
genealógico desde la psicología sistémica familiar

EDICIONES OBELISCO

Si este libro le ha interesado y desea que le mantengamos informado
de nuestras publicaciones, escríbanos indicándonos qué temas son de su interés
(Astrología, Autoayuda, Psicología, Artes Marciales, Naturismo,
Espiritualidad, Tradición…) y gustosamente le complaceremos.

Puede consultar nuestro catálogo en www.edicionesobelisco.com

Colección Psicología
Yo soy mi árbol genealógico
Lola de Miguel Campos

1.ª edición: marzo de 2020

Maquetación: *Isabel Also*
Corrección: *M.ª Ángeles Olivera*
Diseño de cubierta: *TsEdi, Teleservicios Editoriales, S. L.*

© 2020, Lola de Miguel
(Reservados todos los derechos)
© 2020, Ediciones Obelisco, S. L.
(Reservados los derechos para la presente edición)

Edita: Ediciones Obelisco, S. L.
Collita, 23-25. Pol. Ind. Molí de la Bastida
08191 Rubí - Barcelona - España
Tel. 93 309 85 25 - Fax 93 309 85 23
E-mail: info@edicionesobelisco.com

ISBN: 978-84-9111-559-5
Depósito Legal: B-27.963-2019

Impreso en los talleres gráficos de Romanyà/Valls S. A.
Verdaguer, 1 - 08786 Capellades - Barcelona

Printed in Spain

AGRADECIMIENTOS

Quiero expresar mi especial gratitud a mi padre, mi madre ya fallecida, mis cuatro hermanos, dos hermanas, todos mis sobrinos y sobrinas, y a mi familia política, que siempre está ahí para mí, para la celebración y para sostenerme en los momentos de debilidad.

A todos mis antepasados, que me dan la fuerza para, día a día, seguir adelante, pues creo que tengo una especial conexión con ellos y que me guían a cada paso.

Asimismo, desearía mostrar mi gratitud a todos mis buenos amigos y amigas, con los que comparto mis penas y alegrías.

Quisiera dejar constancia de mi agradecimiento a todas aquellas personas que han confiado en mí compartiendo sus procesos personales y sus historias familiares. «Juntos crecemos, ya que yo también soy una buscadora».

CREACIÓN DE TU ÁRBOL GENEALÓGICO

En algunas ocasiones te habrás preguntado qué es lo que te impide hacer cosas diferentes de las que hicieron tus antepasados y tener éxito, amor y salud.

Muchas personas acuden a mi consulta intentando saber por qué una y otra vez repiten patrones y no logran avanzar. Cuando me solicitan una visita, lo primero que me preguntan es qué datos voy a necesitar, a lo que siempre contesto que, en principio, me basta con los datos más importantes de su historia familiar. Curiosamente, un porcentaje muy alto de personas se sorprenden y me preguntan: «¿Cuáles son esos datos? ¿A qué te refieres exactamente?».

En una ocasión, me ofrecieron pronunciar una conferencia para América del Sur sobre cómo poder hacer tu árbol genealógico, aprender de él y, a continuación, sanarlo. De estas dos situaciones surgió la necesidad de escribir este libro, que está dirigido a quienes desean comenzar una tarea de investigación a través de su historia familiar.

Si todavía no has creado tu propio árbol genealógico y quieres empezar a hacerlo y entenderlo, aquí encontraras una sencilla guía para comenzar, para, más tarde, iniciar un proceso transformación y sanar las raíces de tu árbol. En principio, proporcionaré unas bases de por qué es tan importante hacerlo, para que encuentres la motivación y el interés suficiente para embarcarte en esta aventura, posteriormente, empezar con los datos que son importantes y, por último, comenzar a modificarlos con unos sencillos ejercicios. Me encantaría abarcar todos los temas posibles, pero en este libro tan sólo trataré los que considero más importantes para empezar.

Aquí hallarás un manual de fácil lectura que te abrirá los ojos y te permitirá poder ver los patrones repetitivos de dolor y sufrimiento que llevas por amor inconsciente a tus antepasados. De esta forma podrás liberarte de ellos y vivir tu vida, puesto que comprobarás que, en muchos casos, y aunque nos cueste trabajo creerlo, determinadas conductas limitantes parecen estar determinadas por la historia psicológica de generaciones anteriores.

Para un profesional, poder incluir en la historia personal de un paciente/cliente su historia familiar le ayuda a comprender mejor determinadas reacciones desproporcionadas, fracasos recurrentes o emociones desbordantes de los que resulta imposible hallar una explicación si sólo se tiene en cuenta su propia historia personal. Así, de este modo, se puede dar una mejor orientación y servicio en nuestro trabajo con los demás.

EL GRAN DILEMA

Hace años, cuando estudiaba psicología, existía un gran dilema entre los que defendían que todo estaba condicionado por la genética y los ambientalistas.

¿Qué es lo más importante en nuestras vidas y qué determina en mayor medida nuestro carácter y nuestras decisiones? Si te haces esta pregunta, ¿tú qué contestarías a las dos opciones que propongo a continuación?

Los destinos individuales, es decir, los genes con los que cada persona llega al mundo.

La fuerza que ejercen determinados hechos y personas de la red familiar sobre nuestras vidas.

Antes se creía que llegábamos a la vida con cierta información genética prefijada e inalterable que determinaba nuestro comportamiento, cómo teníamos que ser y qué teníamos que padecer. Más tarde se descubrió que muchas de las *influencias ambientales* pueden provocar *cambios en los genes,* que alteran y modifican el ADN, y así, de esta forma, esas alteraciones se transmiten a los descendientes, pasando de generación en generación.

La epigenética demuestra que buena parte del funcionamiento de nuestro organismo depende de que determinados genes *se activen* o no. Es una mezcla de los dos aspectos, los genes con los que cada persona llega al mundo y la *influencia ambiental* de los hechos que le ha tocado vivir.

Recientemente, la epigenética ha confirmado la poderosa influencia que el estrés, las guerras, la alimentación, la hambruna y otros factores tienen en la activación de genes concretos y cómo éstos generan cambios en tres o más generaciones posteriores.

El 80 % de nuestros patrones son heredados. Existe una carga emocional importante que condiciona el comportamiento de la persona y que se va transmitiendo de generación en generación a través del código genético, donde queda grabada, según lo demuestra la epigenética. Así, podemos demostrar la poderosa influencia que el estrés, la alimentación o los tóxicos medioambientales tienen en la activación de genes concretos y cómo éstos generan cambios en tres o más generaciones posteriores. Es decir, cualquier factor ambiental que influya en la salud física y emocional no sólo afectará al individuo expuesto al factor, sino también a su descendencia, por difícil que resulte aceptarlo.

Ante este hecho, ¿cómo van a influir en la generación presente experiencias como abandonos, abusos, traumas de guerra, estrés postraumático, maltrato infantil o duelos no realizados? ¿De qué manera eso genera cambios en nuestros genes y en nuestro ADN?

Las experiencias traumáticas de nuestro pasado, o del pasado de nuestros ancestros, dejan marcas moleculares en nuestro ADN. Nosotros, al pertenecer a una familia, portamos la información de todo nuestro clan, de todos nuestros ancestros, motivo por el cual es tan importante trabajar con el árbol genealógico.

Hasta este momento habrás oído relatos sobre tu familia. Los secretos, todo aquello no dicho, los dramas vividos en el clan, todas estas vivencias no resueltas pasan de generación en generación a la espera de que alguien del clan les dé luz y *los gestione* de un modo diferente. Nuestro carácter, salud, relaciones, trabajo, éxito, dinero, etc. pueden estar condicionados de forma inconsciente por nuestra historia familiar.

La parte tiene información del *todo,* de la misma manera que una gota de agua tiene idéntica composición que el océano. Todo lo que han vivido tus *antepasados* en otras generaciones (eso ahora lo corrobora la epigenética) te está afectando a ti en el aquí y en el ahora.

Mucha es la información que puedes obtener a partir la lectura de tu árbol genealógico. Si no eres capaz de entender y leer tu árbol, lo más probable es que *repitas los patrones* que te ha transferido algún familiar, ya que cada uno de nosotros somos el fruto de la unión de un hombre y una mujer, de nuestro padre y nuestra madre, de la unión de un óvulo y un espermatozoide.

Para entender más el proceso, hay que tener en cuenta que los óvulos de la mujer se generan desde el momento de su concepción, cuando aún se está gestando en el vientre materno, Cuando tu madre estaba en el vientre de su madre se generaron los óvulos que tendrá a lo largo de su vida. Los hombres, en cambio, generan los espermatozoides durante la adolescencia. Es decir, los óvulos de tu madre se generaron cuando tu abuela materna estaba embarazada de ella, del mismo modo que los de tu abuela se generaron cuando tu bisabuela materna estaba embarazada de tu abuela, y así sucesivamente.

De esta forma, cuando *tu abuela materna estaba embarazada de tu madre*, se generaron *sus óvulos*, y de uno de ellos *naciste tú*. Por eso, todo lo que han vivido nuestras abuelas y nuestras bisabuelas está marcando los óvulos y, por consiguiente, nos va a condicionar a nivel inconsciente en nuestras vidas.

Si tu bisabuela vivió la guerra y estaba embarazada, aparece una tensión en su cuerpo que genera estrés, y así, de esta forma, el óvulo se genera con una química de *estrés*. El óvulo, al estar en un estado de estrés, genera una serie de características de *lucha y de defensa como reacción al trauma.* Y esto pasa de generación en generación. Así, en generaciones posteriores, las personas sienten una gran *intranquilidad interna*.

Pensar que esto no te afecta es como creer que *la gravedad* no te va a afectar y que no te vas a caer si te tiras desde lo alto de un edificio. Pero todavía siguen existiendo muchísimas personas que no están preparadas para aceptar esa realidad, y como las consecuencias no son inmediatas, como en el caso de la gravedad, lo achacan al destino, a la casualidad, a la mala suerte, o culpan a cualquier persona de lo que les sucede.

Así que, si no nos centramos en el *origen del patrón*, será muy difícil generar cambios y que éstos se consoliden.

Una vez realizado el árbol con todos los datos que puedas conseguir, ya se puede empezar a *interpretarlo* para buscar a través de las fechas, los nombres y los hechos qué personas de tu clan están directamente relacionadas contigo y de dónde pueden proceder tus programas o creencias limitantes. Una vez conozcamos todo esto, mostraré unos fáciles ejercicios que uso en mi consulta y en mis grupos para empezar a cambiar y desactivar esos patrones y lealtades.

Es innegable que *la herencia* que recibimos de nuestros antepasados conlleva *un peso* importante que, de una manera inconsciente, nos configura como seres humanos y determina muchos de nuestros actos y experiencias actuales.

SANAR LO NO RESUELTO
DE NUESTRA HISTORIA FAMILIAR

Muy a menudo, las personas que acuden a mi en búsqueda de ayuda personal, o profesional, quieren saber cómo realizar un árbol genealógico para poder descifrarlo y entenderlo. Me parece muy lógico que quieran disponer de estos datos, ya que es muchísima la información que pueden extraer de él a partir de su comprensión.

Algunos pensamos que es esencial, y más teniendo en cuenta que las situaciones que vivieron nuestros ancestros pueden quedar plasmadas en el código genético y ser transmitidas de generación en generación, como ya se ha comentado antes. Esto es la base de la lectura del árbol genealógico.

La hipótesis de la *resonancia mórfica* o campos morfogenéticos de Rupert Sheldrake, en la que se teoriza sobre el efecto a partir de la acción de muchos individuos que constituyen una masa crítica para establecer un comportamiento como innato en las siguientes generaciones y en otros individuos que no están en contacto con los primeros. Es decir, *las acciones de un grupo de individuos, cuando pasan de un número crítico, afectan a los otros estableciendo un patrón.*

Esta teoría es muy parecida a la hipótesis del *inconsciente colectivo* de Carl Gustav Jung. En la obra de Freud ya se hizo patente que éste no ignoraba en absoluto la importancia de los antepasados en la constitución de los procesos psicosomáticos individuales y colectivos. En el psicoanálisis se mantiene que el hombre no es el dueño de sus propias decisiones, ya que es gobernado por su inconsciente. El hombre no sólo es dirigido por su propio inconsciente, sino también por el de otros.

«Nos es lícito, entonces, suponer que ninguna generación es capaz de ocultar a la que le sigue sus procesos anímicos de mayor sustantividad».

SIGMUND FREUD

Todos, absolutamente todos, recibimos cargas a través de nuestros ancestros. Si no eres capaz de entender y leer tu árbol, lo más probable es que *repitas* los patrones que te ha transferido algún familiar. La vida es un espejo que refleja nuestro interior. Es por esta razón por lo que considero que realizar un trabajo con tu árbol genealógico es una herramienta de sanación y de toma de conciencia muy potente, ya que en él se encuentra toda la información sobre cuáles son los programas inconscientes que recibes.

«El que no conoce su historia familiar tiende a repetirla. Quien no sabe de dónde viene tampoco sabrá para adónde va. Quien no reconoce a su padre y a su madre nunca podrá encontrar su verdadero camino».

BERT HELLINGER

NUESTRA FAMILIA

Nacemos en el seno de una familia donde cada miembro nos entrega, como si de un *don* se tratara, lo que ha desarrollado a lo largo de su vida. Sin embargo, lo que *heredamos* no siempre resulta luminoso. Mantenemos una *poderosa e inconsciente fidelidad a nuestra historia familiar.* Los temas que nuestra familia nunca logró resolver tendrán el mismo efecto en nosotros y se convertirán en nuestro gran desafío.

Cuando *nacemos*, nuestro primer contacto visual es con *nuestros padres,* con la familia. Ellos son nuestra fuente de cariño y de amor. Ahí es donde vamos a establecer nuestros primeros vínculos. Después, *la sociedad* en la que estamos inmersos nos formatea el cerebro con un programa establecido. A continuación, *la cultura* imprime otro sello sobre nuestro ser, y la *educación escolar y universitaria* hace lo propio con nuestra piel. Finalmente, está *el inconsciente colectivo,* que es la mente colectiva que en cierta manera nos une como especie humana. En resumen, eres mucho menos libre de lo que piensas, ya que estás condicionado por tu familia, la sociedad, la cultura, la educación y el inconsciente colectivo.

Bueno, casi nada…

Debemos empezar a preguntarnos qué ha pasando con nuestra familia. En nuestra infancia establecemos los primeros patrones, códigos y lealtades, ya que nuestra mente es una pantalla en blanco que recibe todo lo que procede de nuestra familia.

Piensa en tu infancia y responde a las siguientes preguntas:

- A la hora de mostrar su afecto, ¿crees que tu familia era afectiva o fría?
- ¿Era estricta o flexible?
- ¿Cuáles eran las normas que te aplicaban de un modo estricto?
- ¿Tus padres se respetaban o se criticaban? En este último caso, ¿qué criticaba tu madre de tu padre? ¿Y a la inversa?
- ¿Qué es lo que se criticaba en tu familia?
- ¿Veías y sentías amor y protección en tu casa y en tu infancia?
- ¿A qué personas de tu mismo sexo te ponían como ejemplo?
- ¿Cuál era la característica esencial que destacaba de este modelo?
- ¿Qué personas o comportamientos se ofrecían como ejemplos negativos en personas de tu sexo?
- ¿Existió una «oveja negra» en tu familia? Si la respuesta es afirmativa, ¿quién era esa persona y qué hizo para merecer ese calificativo?
- ¿Qué tipo de niño/a eras?
- ¿Tenías confianza para hablar con tus padres y explicarles tus problemas y preocupaciones?

Las respuestas a estas preguntas y a muchas más que iré mostrando permitirán empezar a entender algunas de las normas y prohibiciones básicas del sistema familiar. Son preguntas muy sencillas, aunque, curiosamente, existen personas que antes de venir a mi consulta nunca se las habían ni tan siquiera planteando, ya que consideraban que pertenecían al pasado y que nada tenían que ver con el momento actual. ¡Gran error! Si no se acepta que la infancia condiciona, será mucho más difícil aceptar que lo que vivieron los antepasados también influye, ya que nuestro árbol guarda información en nuestro inconsciente, y allí no hay *tiempo ni espacio*.

Comprender las ideas que nos transmite, liberarnos del peso de las tradiciones y de *las creencias limitantes*, mirar *las heridas*, los *conflictos*, los *traumas* y actuar para sanarlos es la finalidad de aprender a elaborar un árbol genealógico y trabajar con él.

DESCUBRIR TU HISTORIA FAMILIAR

Trabajar los aspectos de nuestra familia es básico para alcanzar un estado de realización en las *diferentes* áreas de nuestra vida, ya que todos, absolutamente todos, recibimos *cargas* de nuestros ancestros. Es innegable que la herencia que recibimos de nuestros antepasados conlleva un *peso* importante que, sin ser conscientes de ello, nos configura como seres humanos y determina muchos de nuestros actos y experiencias actuales.

Comenzar es más fácil de lo que parece. Descubrirás las increíbles coincidencias entre distintas generaciones y, a veces, las similitudes entre un caso y otro son tan grandes que resulta imposible entenderlas como coincidencias casuales. Es maravilloso empezar esta búsqueda, ya que se abre un nuevo camino hacia la comprensión, y es probable que en tu vida cambien en muchos aspectos, teniendo en cuenta que la vida es un constante proceso de cambio y transformación, y que no existen varitas mágicas en el camino del desarrollo personal.

¿POR QUÉ NO CONSIGUES CAMBIAR?

Si los patrones son en gran medida heredados, ¿por qué no buscar el origen de lo que te está afectando a través de tu árbol genealógico, investigando tu árbol familiar?

La observación de tu árbol genealógico te permite sacar a la luz las limitaciones, las prohibiciones, los patrones, los decretos y las reglas que dejaron tus ancestros, para que de esta forma puedas *desactivar* las *repeticiones* o programas poco saludables y potenciar aquellas cosas útiles que te conducen a tu propia evolución personal y la de tu familia.

Desde sentirte *víctima* hasta impedir ese cambio que tanto anhelas, puedes repetir patrones de dolor y sufrimiento. Cuando empiezas a darte cuenta de que tus ancestros lo hicieron lo mejor que pudieron, también comprendes que tú has hecho lo mismo, y entonces te perdonas porque desarrollas la conciencia de que en cada momento y en cada situación has actuado según el nivel evolutivo que tenías entonces.

Tienes que abandonar el papel de víctima de las circunstancias, ya que de este modo te sitúas en el lugar del *director*, del responsable de tu propia existencia, pudiendo, de esta forma, determinar tu *futuro*. Comienzas entonces a concretar tus sueños para que se hagan realidad, ya que la culpa nos ata a aquello de lo que queremos huir, y si culpas a tus padres y antepasados, estás fuertemente unido a ellos repitiendo patrones.

Sé libre y, como dijo Nelson Mandela, «Soy el amo de mi destino: soy el capitán de mi alma».

¿POR QUÉ REPETIMOS LO QUE VIVIERON NUESTROS PADRES O NUESTROS ANTEPASADOS?

Cuando llegamos al mundo, nuestra familia tiene una herencia para nosotros, que, además, no sólo es material, sino que también heredamos, todo tipo de *conflictos afectivos, mentales, intelectuales y corporales* que van a *programar* o influir profundamente en nuestras vidas.

Repetir las *acciones*, las *fechas* de los eventos, los *traumas* o las *edades* que forman parte de nuestra historia familiar es una manera de mantenernos *fieles* y *leales* a nuestros padres, abuelos y demás antepasados. Es una manera de seguir la *tradición familiar* y de vivir de acuerdo con sus principios.

Esa *lealtad* o *fidelidad* es la que empuja a un estudiante a *suspender* el examen que su padre nunca aprobó, movido por un deseo inconsciente de no superar socialmente a su progenitor; o a *seguir con la profesión* de su padre o su madre, ya sea notario, panadero o médico.

Las fidelidades o lealtades a nuestros propios padres hacen que repitamos sus guiones de vida una y otra vez. En este libro mostraré la fuerza que tienen las lealtades familiares, sobre todo en lo que se rechaza del sistema familiar, ya que se atrae lo que resiste, persiste y se rechaza. Resulta sorprendente verlo y reconocerlo. Tal vez incluso duela descubrir lo leal que se puede llegar a ser, aunque una vez se ha pasado ese primer momento de posible rechazo, al trascenderlo y aceptarlo, se vive una transformación que permite tomar las riendas de la vida, para encaminarlos a la dirección deseada por nosotros.

PRINCIPIOS PARA REALIZAR EL ÁRBOL GENEALÓGICO

Es importante tener en cuenta estos tres principios básicos a la hora de empezar a elaborar un árbol genealógico.

El orden

Cada persona ocupa un lugar concreto dentro de su sistema familiar. En nuestra *familia de origen o genética,* hay un orden correcto de posiciones dentro del sistema, basado en la jerarquía y en la antigüedad. Hay que entender que cada uno tiene su lugar en el seno de la familia, por orden de llegada, donde nuestra madre y nuestro padre siempre serán los mayores, y nosotros, los menores. Los hermanos, asimismo, ocupan un lugar según el orden de llegada al mundo.

Este sencillo principio, que es muy fácil de entender, está alterado en la mayoría de las familias, con sus correspondientes consecuencias. En algunas familias se da lo que se llama la *parentificación,* que es una inversión en el orden familiar, según el cual los hijos adquieren el papel de sus padres. Evidentemente, esto es algo ajeno al orden natural en las relaciones, puesto que son los padres los que deben ocuparse de los hijos y no a la inversa.

Este orden se invierte en algunas ocasiones debido a que existen padres que esperan que sus hijos ocupen el lugar o la responsabilidad que les compete a ellos, incluso desde una edad muy temprana. Este hecho suele ocurrir especialmente cuando los padres están traumatizados, enfermos, tienen adicciones o no han madurado y actúan como si fueran niños. De esta forma, los hijos sienten que tienen que ocupar el lugar de uno o de ambos progenitores, como si de algún modo pudieran salvarlos. Esta alteración del orden crea lo que se llama el *hijo salvador*, que parece destinado a resolver conflictos que exceden, con mucho, sus capacidades. Para entenderlo mejor, pondré un simple ejemplo de lo que supone para una persona no encontrarse en el lugar y en la categoría que le corresponde. Imaginémonos que en un hospital alguien confunde, debido que lleva una bata blanca, a un celador con un médico, y le pide que vaya a quirófano para operar a un paciente. El celador, en un intento de cubrir la ausencia del médico, que no está en su lugar, y puesto que les une una fuerte amistad, acepta, asumiendo de esta forma una responsabilidad para la que no está preparado, ya que intervenir a alguien quirúrgicamente supone una gran carga para él, puesto que no tiene los conocimientos necesarios para hacerlo. Así, con este ejemplo, es comprensible lo que ocurre cuando alguien está fuera del lugar que le corresponde. Cuando un niño, por amor incondicional a sus padres, ocupa su lugar, ya que ellos están ausentes por diferentes motivos, va a verse obligado a llevar una carga mayor de lo que puede soportar.

¿Te resulta familiar esta situación? ¿Te identificas con ella? En casi todas las familias existe una parentificación, un hijo salvador, y tal vez en tu familia seas tú.

Cuando se da una parentificación en la familia de origen o familia genética, ésta siempre se vive como una *carga excesiva* y muy difícil de sobrellevar. Restablecer el orden y ocupar nuestro lugar nos libera. La persona debe ser consciente de que no puede hacerse cargo de sus padres, no puede llevar sus responsabilidades y cargas, ya que supondría tomar el lugar de los abuelos, y de esta forma no se honrarían.

Después, al hacernos adultos, formamos nuestra propia familia. Ésta es *la familia construida*. Al crear una familia, para el hombre lo más importante es la mujer por encima de sus padres, y lo mismo ha de ocurrir en el caso de la mujer. Más tarde llegan los hijos, y en ese caso nos convertimos en los grandes para ellos. Este principio se aplica para cualquier tipo de pareja que se cree.

Cuando existe un proceso de separación y hay hijos, la pareja se separa, pero siempre los hijos serán su prioridad. En el libro mostraré ejercicios que permitirán un buen proceso de separación y sanar las parejas anteriores.

La pertenencia

Todos los miembros son y se sienten reconocidos como parte integral de la familia. No se puede excluir a nadie, todos hemos de ser reconocidos y se nos tiene que dar un lugar.

La repetición de patrones va unida a la necesidad de pertenencia. El gran deseo del ser humano es pertenecer a los grupos con los que se relaciona o de donde viene, ya sea la familia, los amigos o los compañeros de clase o del trabajo. Y para eso hay que adaptarse a unas normas y creencias predeterminadas, establecidas por cada familia o sistema, para poder sentirse bien, tener una sensación de pertenencia y desarrollar lo que se llama una *buena conciencia.* Sin embargo, cuando se piensa o el comportamiento no está de acuerdo con las expectativas y las exigencias de la familia o grupos a los cuales se quiere pertenecer, aparece una *mala conciencia,* que genera culpa.

Nuestra conciencia siente que nos alejamos de nuestra familia y de los diferentes vínculos establecidos a través de nuestra manera de pensar, de ser o de hacer, que es diferente. Y aquí es donde aparece el miedo al rechazo, a la no aceptación de la familia y a ser *excluido.* Posteriormente, aparecerá también un sentimiento de *culpa* por haber hecho algo distinto a lo que se suponía que teníamos que hacer. Por esta razón, por este deseo de pertenencia, vamos a ser muy leales y a repetir los patrones de dolor y sufrimiento, ya que nos cuesta mucho soportar la culpa de ser diferentes y no ser aceptados.

También la pertenencia se ve afectada por las *diferencias que puedan existir entre los padres.* Los hijos «pertenecen» por igual a su padre y a su madre desde el punto de vista de su origen. Biológicamente, son la mezcla de ambos, y en su carácter habrá tanto aspectos heredados de la rama paterna como de la materna. Tú eres el 50 por cien de tu padre y el 50 % de tu madre; es así y siempre lo será. Muchas veces, cuando existen conflictos entre los padres, este deseo de pertenencia de los hijos los acaba desequilibrando, porque en su fuero interno sienten que tienen que elegir a uno de ellos, y de esta forma serán leales a uno de un modo consciente, e inconscientemente al otro, al que rechazan.

Por lo general, cuando existe una separación, los padres discuten entre ellos y, en ocasiones, luchan por la custodia de los hijos, llegando incluso en algunos casos a faltarse al respeto. Este comportamiento es nefasto para los hijos, porque algunos llegan a pensar que tienen que querer al bueno y despreciar, rechazar o excluir al que el otro cónyuge considera malo, con lo que se establece una lealtad consciente al padre bueno y una lealtad inconsciente al padre que es valorado como malo. Esto quiere decir que si, por ejemplo, la madre critica al padre por ser alcohólico, tal vez el hijo pueda tener de adulto problemas de adicciones, debido a esta lealtad inconsciente de rechazo al padre.

Los niños (y todos lo hemos sido) hacen cualquier cosa para pertenecer a su familia, pues sin esa unión y sin ese derecho de pertenencia estarían perdidos. Plantéate lo siguiente: ¿cuando eras pequeño tuviste que decantarte por alguno de tus padres? Si es así, empieza a preguntarte: ¿en qué te pareces, aunque no quieras reconocerlo, a aquel que excluiste de tu corazón?

Mas adelante se tratará de los excluidos más extensamente, así como de los efectos que tiene el hecho de excluir a alguien (que por lo general se considera la *oveja negra* del sistema familiar).

El equilibrio entre dar y recibir

En todas las relaciones humanas, el equilibrio es un estado ideal al que todos aspiramos. Tiene que existir un intercambio adecuado entre dar y recibir, ya que así se crean los vínculos. Todas las relaciones humanas se basan en intentar mantener un justo equilibrio entre dar y recibir. Este equilibrio en la relación con los padres consiste en que los padres dan y los hijos reciben. Los padres siempre son grandes para nosotros, y nosotros, para ellos, siempre somos pequeños aunque seamos adultos. Dado que los hijos reciben una gran cantidad de cuidados, amor y protección por parte de los padres, éstos están en deuda con ellos. La mayor deuda que un hijo contrae con sus padres es el hecho de vivir. Nunca podrá entregar a sus padres nada que se asemeje al regalo de la vida. Pero existe una forma de equilibrar la vida que se ha recibido de los padres, que consiste en la propia descendencia. Así, al tener hijos, una persona toma el don de la vida que ha recibido y lo transmite a una generación posterior. De este modo, la energía de la vida fluye como un río hacia el mar, hacia el futuro, representado por los hijos y las siguientes generaciones. Cuando una persona no tiene hijos, puede equilibrar lo que sus padres le han dado a través del servicio a la sociedad.

Pero no hay que confundir esto con ocuparse de los propios padres cuando éstos se hacen mayores ni evitar tener hacia ellos gestos de amor y cariño. Cuidar de los padres y ayudarlos es positivo, y se hace en nombre del agradecimiento por la vida y por todo lo demás que nos han dado.

El equilibrio en la pareja es diferente, ya que funciona de otra manera. Tú recibes pero también tienes que dar para que la pareja pueda fluir. Es necesario devolver un poco más de lo que se ha recibido, ya que de ese modo la pareja crece. Si uno da un poco más de lo que recibió, entonces se crea una nueva oportunidad del otro para dar. De esta manera se logra un buen intercambio en la relación.

Si en una relación de pareja sólo recibes, estás en modo niño/a; si sólo das, estas en modo padre o madre de tu pareja, y, en ambos casos, esto indica que hay algo que solucionar con tus padres, ya que, inconscientemente, en la pareja buscamos lo que no recibimos de nuestros padres, y es imposible que nos lo den porque no les toca a ellos dárnoslo.

Este principio también nos habla de las *compensaciones*. En un intento por mantener este equilibrio, toda injusticia cometida por un sistema familiar en una generación hará que futuras generaciones intenten pagar un precio con el fin de equilibrar el daño realizado. Las compensaciones son la fuente de muchas enfermedades, ruinas y destinos de algunas familias. Los que habéis leído mi libro *Una mirada al alzhéimer y a las enfermedades a través de las constelaciones familiares* ya sabéis cómo en mi sistema familiar las mujeres enfermamos en el pasado en un intento inconsciente por compensar un accidente que le ocurrió a mi abuelo materno en el que hubo muchas muertes.

Éstos son los tres principios sistémicos que hay que tener en cuenta a la hora de realizar tu árbol genealógico. Empieza a observar a tu familia con esta nueva mirada y advertirás el gran número de cosas que vas a descubrir.

MÁS DATOS QUE HAY QUE TENER EN CUENTA

Cuando te decidas a hacer tu árbol, ten en cuenta los siguientes datos que deberías saber. Si lo que deseas es llevar a cabo una buena investigación, tendrás que profundizar tanto como puedas. Hay datos que te resultará muy fácil conseguir y otros no tanto, pero no te preocupes y no te detengas, ya que lo importante es continuar, y seguro que aquellos que encuentres serán los más necesarios. Confía y continúa. Muchas veces el tiempo confabula a tu favor trayendo la información que necesitas a cada pequeño avance que haces.

El nombre

Aunque parezca algo obvio, bastante a menudo se produce una repetición en los nombres. Es posible que tú te llames como una persona muy apreciada en el sistema familiar, pero también puedes llamarte como un familiar que fue excluido, o una oveja negra, y esto te puede estar condicionando. Asimismo, es posible que tus padres te hayan puesto el nombre de un niño que falleció a una edad temprana o de un niño que nació muerto o que falleció a los pocos días de nacer, pero cuyo nombre ya estaba en mente de tus padres. En ese caso puedes ser un *hijo de sustitución*. Vienes al mundo con la misión de aliviar un dolor, y es posible que tengas el sentimiento de que no te ven. Además, si tu sexo es el contrario al del bebe que murió y te ponen el mismo nombre, por ejemplo, Manuel-Manuela, Juan-Juana, Tomas-Tomasa, Carmen-Carmelo, la cosa se complica aún más, porque la identificación se produce con un bebe del sexo contrario, con lo que en algunos casos se crean ciertos problemas con la sexualidad o con la manera de expresar la energía masculina o femenina.

Cuando se repite el nombre de algún antepasado, es muy probable que también se repitan vivencias y sensaciones. Puede que heredes parte de los temas que dejó pendientes, como las posibles injusticias vividas o cometidas. Si te pregunto «¿Te gusta tu nombre?», ¿qué contestarías? ¿Sabes el motivo por el que te lo pusieron?

Si te llamas como algún antepasado, investiga qué ocurrió en su vida y las similitudes con la tuya. Si estas últimas existen, tenemos una posible *identificación*. Ningún nombre llega por casualidad, detrás de cada elección de un nombre hay una historia que puede resultar muy interesante, un inconsciente que quiere expresarse y un destino que cumplir. Te animo a que lo descubras y que investigues en su vida para poder deshacer esa identificación inconsciente y tomar tu propia identidad viviendo una vida libre de cargas.

Responde a las siguientes preguntas:

- ¿Qué nombres se repiten en tu sistema familiar?
- ¿Qué nombres se repiten en las parejas e hijos?
- Y tus padres, ¿se llaman igual que sus padres o que algún familiar?
- ¿Cuál es tu nombre completo?
- ¿Por qué motivo te pusieron tus padres ese nombre?
- ¿Te llamas igual que alguno de tus padres, tíos o tías? ¿Que alguno de tus abuelos? ¿Y que tus bisabuelos?
- ¿Quién eligió tu nombre?
- ¿Tus padres estaban de acuerdo o en desacuerdo en la elección de tu nombre?
- ¿Qué significado tiene tu nombre para tu padre o para tu madre?
- ¿Sospechas que tu nombre esconde una razón oculta que no quieren contarte?

- ¿Te llamas igual que alguna antigua pareja de tu padre o de tu madre?
- ¿Te llamas igual que algún niño/a que haya fallecido o que algún familiar muerto?
- ¿Te pusieron tu nombre por el día en que naciste, aunque antes ya habían pensado en otro?

Empieza a pensar y probablemente te sorprenderás. Incluso puede que aparezca también alguna emoción. Sea cual sea el motivo por el que te pusieron ese nombre está diciendo algo de ti.

Fechas de nacimiento y defunción

Este dato también es muy interesante, ya que un antepasado pudo haber nacido o muerto el mismo día o mes que tú. Compruébalo en tu árbol genealógico, por si existieran algunas coincidencias con otro familiar.

Existe lo que se llama el *síndrome del aniversario*, que consiste en la repetición, en la misma fecha, de determinados eventos familiares cuya naturaleza suele ser negativa. Las cosas positivas son expansivas; sin embargo, lo negativo se conserva en el inconsciente familiar.

Yo he comprobado en mi consulta cómo un hombre tenía un accidente de tráfico el mismo día del año en que su padre había tenido otro accidente años atrás, y también puedo comentar el caso de una mujer que sufrió un ictus cerebral el mismo día en que su padre, cinco años atrás, había fallecido. Estas repeticiones, como es lógico, llaman mucho la atención.

En la práctica, el síndrome del aniversario se expresa a través de dos vías básicas:

- Repeticiones que aparecen en una *determinada fecha*. Esa fecha coincide con un acontecimiento similar que le sucedió a alguien de la familia años atrás ese día concreto del mismo mes.

- Repeticiones que se reproducen *a la misma edad* en que un antepasado vivió un fenómeno parecido.

Con estos datos ya es posible empezar a comparar fechas para ver qué nuevos descubrimientos se obtienen.

Causa de la muerte

Conocer la causa de la muerte de un ancestro nos puede proporcionar pistas acerca de si ha existido alguna *situación trágica o crítica,* y eso puede señalar directamente a la fuente de los programas que después tú puedes heredar.

Cada muerte es una fuente de información muy valiosa sobre la biografía del ancestro que analicemos, para, más tarde, descubrir cómo nos puede estar afectando. Busca las respuestas y la información sobre las siguientes preguntas acerca de tus familiares más próximos o sobre aquellos que consideres que más te hayan influido, aunque es posible que descubras un nuevo dato sobre algún antepasado que no estabas teniendo muy en cuenta y que pasa a convertirse en el gran protagonista debido al modo en que murió:

- ¿Cuál fue la causa de su muerte?
- ¿A qué edad se produjo su fallecimiento?
- ¿Murió de forma natural y tranquila?
- ¿Fue una muerte trágica y accidental?
- ¿Qué ocurrió?
- ¿Alguna mujer murió dando a luz?
- ¿Alguien murió en la guerra?
- ¿Qué consecuencias familiares tuvo?
- ¿Se mantuvo en secreto esa muerte?
- ¿Algún familiar causó la muerte de otra persona?
- ¿Alguien de la familia se sintió culpable de esa muerte?

Puedo comentar el caso de un paciente alemán que tenía ataques de ansiedad en los espacios cerrados. Al estudiar este dato descubrió que su abuelo, también alemán, había ayudado a los judíos, con lo cual fue internado en un campo de concentración. Murió intentando escapar a través de un estrecho túnel. En honor a este abuelo le pusieron el mismo nombre. Conocer estos datos nos permitió realizar un proceso de desidentificación con su antepasado, devolviéndole sus emociones y sentimientos. Cuando el síntoma sale a la luz es cuando se puede trabajar.

¡Otra cosa más en la que pensar! ¡Tal vez encuentres nuevos datos para poder trabajar con ellos. Si no es así, sigue buscando más situaciones que te puedan estar afectando.

Fechas de sucesos importantes

Los hechos importantes pueden ser nacimientos, bautizos, bodas, accidentes, muertes, enfermedades, así como cualquier evento que haya sido relevante y haya marcado la vida de tu familia, como una ruina, una guerra, abusos, estafas, o incluso celebraciones. Antiguamente, la boda era un suceso muy importante en la vida de una persona, pues al casarse salía de su casa.

Algunos hechos pueden ser muy trágicos y cambiar el rumbo familiar, como, por ejemplo, la muerte de algún familiar, que puede resultar muy traumática para todos los miembros, dejando graves secuelas en el inconsciente colectivo familiar. Otros, sin embargo, pueden ser muy gratificantes, como las grandes celebraciones: los bautizos, las comuniones o las bodas, siempre y cuando ese día no haya ocurrido una desgracia paralela al evento.

Conocerlos nos proporcionará una información muy importante, ya que se puede activar el síndrome del aniversario, que hará que encontremos una conexión entre dos hechos en el mismo tiempo, pero en años diferentes años, o entre dos familiares, que de otro modo hubiésemos creído que eran una mera coincidencia.

El movimiento amoroso interrumpido

Se produce cuando el impulso amoroso del niño, que lo lleva a moverse hacia los padres es interrumpido, debido a una separación temprana de ellos cuando somos niños. Son separaciones que suelen ser *involuntarias*, como, por ejemplo, cuando la madre enferma y tiene que estar un tiempo en el hospital separada de sus hijos pequeños, o cuando los padres emigran, dejando a los hijos a cargo de otro familiar. El caso más grave sería la muerte de la madre o el padre. También sería *voluntaria* en el caso de que la madre o el padre abandonase a los hijos, como en algunos casos de adopción.

El niño, al sentirse abandonado, empieza a manifestar una *pérdida de confianza* en los padres por haberse ido tan pronto. Aparece entonces un gran miedo a volver a sentir esa pérdida, y las consecuencias son que ya no quiere acercarse a ellos de la misma manera, aunque los padres vuelvan tras la separación y se ocupen de él.

Esta separación temprana hace que el hijo sienta *miedo*, con lo que aparece el enojo y la rabia, ya que el niño lo vive como un abandono. En el movimiento amoroso interrumpido, el amor se convierte en dolor. El cariño y amor que el hijo quería manifestar a los padres, o a uno de ellos, es interrumpido debido a la separación. El dolor es tan fuerte en esos momentos que más tarde el niño no quiere volver a tocarlo nunca más. Además, el dolor será más intenso cuando el pequeño se convierta en adulto. En vez de acercarse a los padres o a otras personas, prefiere mantenerse alejado, y siente rabia, desesperación, tristeza o desolación, en lugar de amor.

En un futuro, a esa persona le costará alcanzar un objetivo. Cuando una persona cuyo movimiento amoroso hacia la madre y el padre fue interrumpido muy tempranamente, y más adelante quiere dirigirse hacia otras personas, en especial hacia una pareja, o a sus propios hijos, en el cuerpo surge el recuerdo de la interrupción temprana y reaparece el dolor, estableciéndose un *patrón de dolor y sufrimiento*. Repetirá esta misma dinámica con otras personas importantes a lo largo de su vida. Le costará mucho entregarse a otros individuos y nunca lo hará en su totalidad, impidiendo que las emociones fluyan de manera plena. Este bloqueo emocional evitará que pueda alcanzar objetivos y proyectos de vida, limitando incluso el logro del éxito. En cada objetivo volverá, de un modo inconsciente, a repetir el mismo patrón: «Estoy a punto de lograr algo y, de repente, lo pierdo».

¿Has sentido con frecuencia que cuando estás a punto de alcanzar algo, ya sea a nivel personal o profesional, siempre o casi siempre, se te va de las manos? Busca si en tu infancia ha existido alguna separación de tus padres, aunque haya sido durante poco tiempo.

Tal vez sean tus propios padres los que hayan vivido esta situación de separación con sus propios padres, tus abuelos. Si desconoces la vida de tus padres y eres consciente de que te costó llegar emocionalmente a ello, empieza a plantearte que tal vez ellos vivieron esta situación, y tú te has pasado la vida criticándolos porque desconocías este dato de su dolor y sufrimiento. Tal vez ahora sabiendo esto puedas entenderlos mejor y comprender por qué actuaron como lo hicieron.

Abortos naturales y provocados

Esta información es importante, tanto si se han producido de manera espontánea como si han sido provocados, del mismo modo que habría que saber cuándo ocurrieron. Es fundamental saber si tu madre tuvo abortos. Sería interesante, si posible, que hablaras con ella para que te proporcione esta información. Tal vez se niegue a dártela por vergüenza, sobre todo en el caso de haber sido provocados. Reconocer esto ante un hijo es algo que puede resultar difícil para una madre. Y tendrías que respetarlo.

Aunque pueda parecer que se trata de un tema relacionado con las mujeres, también implica a los hombres, que pueden arrastrar el sentimiento de dolor o de culpa.

Antiguamente, los abortos, sobre todo los provocados, eran ocultados por vergüenza o considerar que, como consecuencia, habría que soportar un castigo divino y social. A veces encontrar cualquier rastro puede resultar prácticamente imposible, aunque en otras ocasiones, cuando se logra hablar de esto, se produce una gran liberación.

Por lo general, hablar de los abortos naturales o espontáneos suele resultar más fácil, ya que esto carece de connotaciones morales y religiosas y es sólo fruto del destino. Aun así, aunque sea natural, si la madre y el padre lo han vivido con mucho dolor, esto va a influir en sus descendientes, e incluso en algunos casos puede afectar a la relación de pareja, hasta el punto de que en los peores casos puede provocar una ruptura.

Los abortos escondidos o negados se convierten en *excluidos*, con las fatales consecuencias posteriores en el sistema, como se verá en el tema de las exclusiones, ya que un miembro más joven del sistema puede identificarse a nivel inconsciente con el excluido, e intentar seguir su destino de muerte. Cuando el sistema puede mirar, reconocer y abrazar el aborto, todo se calma en él, y los hijos no abortados pueden mirar hacia la vida. De nuevo, hay dos movimientos, uno hacia la vida, portador de amor, felicidad, salud y prosperidad, y otro hacia la muerte, que nos conduce al dolor, sufrimiento, enfermedad, escasez y desamor.

Es bueno que los padres que han abortado (para poder mirar hacia la vida y no hacia la muerte) puedan sentir en su corazón al bebé y hacer una visualización (el sexo del bebé es indiferente). Deben poder decir mentalmente o en voz alta las siguientes palabras:

«Lo siento, eres mi hijo, pero me faltó el valor, has dejado un dolor muy profundo en mi corazón y siempre pertenecerás a esta familia».

«Ahora te veo y te doy un lugar en mi corazón».

«En su momento no te deseé y lo siento, y te doy un lugar como mi hijo».

«Honraré tu memoria; por favor, protégeme ahora a mí».

Si los padres están unidos por el dolor, también es bueno que, juntos, repitan:

«Juntos, llevamos este dolor; juntos, lo miramos».

35

Cuando un *hijo está conectado* con un hermano que ha sido abortado, es bueno que pronuncie estas palabras mentalmente o en voz alta a través de una visualización:

«Ahora te dejo con nuestros padres, ellos son los que llevan el dolor más grande».

«Ahora te veo y te doy un lugar en mi corazón. Eres uno más y, por favor, desde donde estés, mírame con buenos ojos, porque yo estoy vivo y tú no».

Al hacer tu árbol genealógico, los abortos, tanto espontáneos como provocados, también deben ocupar el lugar que les corresponda, como indicaré más adelante.

Asimismo, puedes preguntarles a tus padres que te cuenten cómo fue tu embarazo y tu parto. La forma en que nacemos también nos puede proporcionar muchas respuestas.

Nacimientos sin vida y niños que murieron a una edad temprana

Un sistema familiar sufre un gran impacto cuando algunos niños o jóvenes mueren a causa de un accidente, nacen muertos o ha habido muertes durante el parto, ya que la muerte de un hijo es contra natura para los padres, que siempre esperan que sus hijos los sobrevivan.

Cuando una madre pierde a un hijo a una edad temprana o nace muerto, es muy posible que otro hijo, al querer *aliviar* el dolor de la madre y/o el padre a nivel inconsciente, quiera fallecer. La lealtad inconsciente del hijo en esta situación es quererse morir también, ya sea por enfermedad, por accidente o de otras formas.

Detrás del pensamiento inconsciente de «Yo te sigo hasta la muerte», se halla el amor profundo con el que el niño se vincula con su familia, y este patrón actuará durante toda la vida de una persona limitando la posibilidad de ser feliz, próspero y sano. Su movimiento interno y, por supuesto, no consciente va a ser hacia la muerte y no hacia la vida.

Este amor es más fuerte que la muerte, y es lo que se llama *amor ciego*. El niño, desde un *pensamiento mágico* y sin posibilidad alguna de éxito, recoge el problema de los padres y lo hace suyo, intentando salvar al sistema familiar. Como es lógico, esto no resuelve de ninguna manera el conflicto y sólo consigue crear una nueva víctima, la más inocente, que pagará el precio de esta identificación.

El niño cree a nivel inconsciente que, a través de su sufrimiento y su propia muerte, puede liberar del sufrimiento y del dolor a otros miembros de su familia. Esto es fruto de este pensamiento mágico en el que la frase que estaría presente a nivel inconsciente por parte del niño, puesto que siente el sufrimiento de los padres por la pérdida, sería la siguiente: «Yo te sigo, papá o mamá, en el dolor, y prefiero morir yo, antes de que mueras tú», o «Tomo tu carga para que tú estés bien, aunque yo sufra».

La solución, en todos los casos, consiste en devolver el problema a quien lo padeció, deshaciéndonos así de una carga que no nos pertenece como niños. El hecho de devolver esta carga a los padres también los dignifica y libera, ya que, en todo caso, ningún padre que ya ha perdido a un hijo quiere perder a otro o ver cómo enferma o se convierte en una persona infeliz. El deseo de todos los padres es tener y ver unos hijos sanos, prósperos y felices.

En la mayoría de los casos, y sobre todo en el pasado, el *dolor de la pérdida* es tan grande que no se habla de los niños muertos. En la actualidad, esto ya ha cambiado debido a la aparición de la educación emocional. Al no poder hablar de ello, la experiencia no se elabora y se mantiene muy presente en el inconsciente familiar, el contenido queda encriptado, condenado a convertirse en secreto, lo que afecta a los otros miembros de la familia. En algunos sistemas familiares hablar de la muerte es tabú. Al sacarlo a la luz, y hacerlo de manera consciente, se produce una gran liberación a nivel personal y familiar.

De esta forma cambiamos este amor ciego por un *amor consciente* que nos libera del pasado doloroso y de la repetición de patrones, lo que nos permite diseñar nuestra propia vida.

Rangos de hermandad

Debemos saber el número de hermanos y qué lugar específico ocupan nuestros padres o el ancestro que buscamos dentro de su sistema familiar. Es importante contar los abortos, en el caso de que existan, así como a los niños que nacieron muertos, ya que esto afecta al lugar que podrían ocupar nuestros familiares y nosotros mismos.

El sentimiento de desubicación y de no encontrar tu lugar puede deberse a esto. Puedes pensar que eres el cuarto hijo, pero al investigar y realizar tu árbol, descubres que hubo un aborto antes que tú y que en realidad ocupas el quinto lugar. Cuando estás en tu lugar, estás enraizado y encuentras tu fuerza.

En tu propia familia, la posición de hermandad te ayudará a saber con quién tienes más afinidad y alguna de las características de tu propia personalidad, ya que no es lo mismo ser hijo único que pertenecer a una familia numerosa.

Otras relaciones de pareja anteriores

En este apartado, cuya información es necesaria, están incluidos las madrastras o los padrastros, los novios o las novias que fueron rechazados por la familia y las parejas anteriores en caso de divorcio.

Para poder desarrollar una relación sana con la pareja actual o con futuras relaciones, es preciso reconocer y valorar la existencia de nuestras propias parejas anteriores, con independencia de cuál fuera el resultado de esa experiencia, ya que siempre somos responsables en un 50% de lo que ocurre en nuestras relaciones.

No sólo son importantes nuestras relaciones anteriores, sino también las que hayan podido tener nuestros antepasados y nuestros padres antes de traernos al mundo, ya sean amantes, matrimonios o novios/as anteriores. Ellos o ellas dejaron el lugar para que después se produjese el encuentro entre nuestros padres, y que nosotros pudiéramos nacer.

Estas personas con las que no llegaron a casarse, o bien porque las cosas no funcionaban o porque la familia no las aceptó, son de vital importancia, puesto que gracias a que no pudieron ser, a que la relación no pudo consolidarse, nuestros abuelos y nuestros padres tuvieron la oportunidad de encontrarse y, de esta forma, hoy podemos estar aquí.

El reconocimiento y agradecimiento de las parejas anteriores de nuestros padres, y las nuestras propias, es un hecho sanador en sí mismo, sobre todo si hay hijos de por medio. Hacer un buen cierre con nuestro pasado garantiza que dejemos una buena herencia a nuestros descendientes.

PERSONAS EXCLUIDAS

Este apartado es muy importante, ya que en todos los sistemas familiares existen excluidos. Todos tenemos el derecho de ser reconocidos y de pertenecer al sistema familiar, pero, a veces, la familia excluye a aquellos que ponen en peligro al sistema. Como *duele*, cuesta mucho afrontar que en nuestras familias existen, o existieron, asesinos, violadores y violados, alcohólicos, pederastas, abortos, infidelidades, adopciones, presos, desaparecidos, enfermos mentales, suicidios o hijos ilegítimos, es decir, las llamadas ovejas negras. Éstos son algunos ejemplos de las personas excluidas. También hay miembros de un árbol que no se adaptan a las normas o tradiciones de su sistema familiar, aquellos que constantemente revolucionan las creencias familiares, saliéndose de los caminos marcados por las tradiciones familiares. Estos últimos son criticados, juzgados e incluso rechazados. Además, algunos miembros, por lo general los más jóvenes del sistema en ese momento, por amor ciego y lealtad inconsciente, están relacionados con los destinos de aquellas personas que fueron excluidas por el clan. Esto hace que tengan una fuerte sensación de no pertenecer a ningún sitio, incluso que se sientan rechazados y excluidos por la sociedad, aunque también puede producirse la autoexclusión, de la cual no son conscientes. Algunas personas piensan que los demás las rechazan, aunque son ellas mismas de forma inconsciente las que se sitúan en un lugar donde no son vistas, valoradas o reconocidas.

Causas de la exclusión

Existen diferentes causas que pueden llevar excluir a algún miembro del sistema familiar y por motivos muy diferentes. A continuación muestro algunas de ellas:

Exclusión por vergüenza

En algunos sistemas familiares, determinadas situaciones pueden producir vergüenza, y la familia tiende a esconderlas. Por ejemplo, si en un sistema familiar existe un drogadicto, un alcohólico, un pederasta, un asesino o hijos ilegítimos, esto produce mucha vergüenza en el seno de la familia que lo padece y, además, un fuerte rechazo social si esto sale a la luz, e incluso puede tener consecuencias legales. Por eso, la familia intenta esconderlo para que no se sepa esta información.

Otro ejemplo podrían ser los abortos, tanto los espontáneos como los provocados, que se viven en soledad y silencio. En los abortos, la persona que decide abortar está expuesta a las críticas de otros familiares, así como sociales y religiosas, y en algunos países incluso legales.

También se excluye por vergüenza a aquellas personas que no fueron bien vistas por pensar de manera distinta al sistema familiar, porque fueron o son rebeldes o revolucionarias, o porque vivieron su vida de una manera diferente de lo que se esperaba de ellas. Tal vez, por ejemplo, no estudiaron lo que el clan esperaba de ellos, o tenían ideas políticas contrarias a las de los familiares, o se casaron con una persona que no gustaba al sistema familiar, o son hijos ilegítimos y eso sacaría a la luz una infidelidad o un adulterio, y ponen en evidencia a su sistema.

Exclusión por dolor

Detrás de algunas exclusiones existe un profundo dolor debido a que existía mucho amor. Si en una familia nace un bebé muerto, esto va a producir un dolor muy grande en el sistema, y cada vez que se hable o se recuerde a este bebé, toda la familia sentirá dolor, con lo que se decide no volver a hablar nunca más de este bebé muerto, en un intento por evitar sufrir de nuevo. Así, se produce una exclusión, no por falta de amor o por vergüenza, sino porque normalmente debido a una perdida hay mucho dolor por el amor que existía. Gracias a que hoy en día existe la educación emocional, se ayuda a gestionar bien el duelo a las familias que han tenido una perdida tan dolorosa, situación que hace un tiempo no existía.

MINUSVALÍAS

Se trata de personas con minusvalías físicas, psíquicas, es decir, sordos, ciegos, etc., o personas recluidas en instituciones como orfanatos, cárceles, sanatorios, conventos, etc. Cuando en un sistema familiar existe una minusvalía, puede que otros miembros de ese sistema se sientan culpables de estar sanos, y este sentimiento de culpa hace que a nivel inconsciente enfermen o se impidan ser felices en un intento inconsciente del miembro sano de compensar el desequilibrio familiar de que uno esté enfermo y su calidad de vida sea más limitada.

En mi consulta he visto casos de este tipo, como el de dos hermanas, una enferma desde que era pequeña y muy delicada de salud, y la otra completamente sana, pero que se sentía siempre enferma y con dolores, hasta que el médico le dijo que estaba sana y que su problema era psicológico. Después de hacer terapia, pudo liberarse de la culpa de tener mejor vida que su hermana.

SUICIDAS

Suele ser un tabú, algo de lo que no se habla, a pesar de haberse convertido en una de las primeras causas de mortalidad. Los fuertes sentimientos de culpa y de vergüenza hacen que se oculte la causa de la muerte. Una de las principales razones por las que no se habla del suicidio es porque se considera un *fracaso* a todos los niveles: a nivel familiar, social y espiritual. Un fracaso al que no queremos mirar, porque moviliza sentimientos difíciles de afrontar, como el dolor, la rabia, la culpa, la vergüenza, etc., y, sobre todo, porque nos ubica frente a nuestros miedos más primitivos, como el miedo a la muerte, a lo desconocido o al castigo divino.

Suicidio en los diferentes niveles

Aspectos familiares

A menudo, y, por suerte, cada vez menos, las propias familias intentan ocultar el suicidio. La razón principal es *el temor* a la sociedad, agravado por el gran sentimiento de *culpabilidad* que padecen. Se sienten culpables por no haber visto las señales de alarma, por no haber sabido proteger al ser querido y por no haber podido evitar la tragedia. Algunas familias creen que el entorno también las hace responsables, por eso, y en algunos casos, algunas prefieren evitarlo, aislarse y no hablar

44

del tema. *El silencio* que hay en torno al suicidio es lo que hace que sea un estigma, que se mire como si fuera algo vergonzoso, una maldición que les toca sólo a algunos. Si la familia no tiene el valor para hablar de ello, vivirá en un eterno «aquí no ha pasado nada», lo cual es mucho más doloroso que la aceptación de la realidad. He trabajado con algunas familias que, debido a las circunstancias anteriores, y en un intento de proteger, no encuentran el momento de decirle a sus hijos que un miembro del clan se ha suicidado, porque, además, eso sería reconocer que durante un tiempo se mintió acerca de la manera en que murió ese familiar.

Aspectos religiosos

Según nuestra cultura cristiana, quitarse la vida es un pecado que se condena con el castigo divino. Antiguamente los suicidas no podían ser enterrados en tierra santa, lo que hacía que las familias con ideas religiosas evitasen mencionar esta muerte para que su familiar pudiese descansar en paz y fuese enterrado dignamente.

Aspectos sociales

El suicidio crea incomprensión social. Es un acontecimiento trágico imprevisible que nos recuerda lo vulnerables y frágiles que somos. Además, hablar del suicidio es hablar de muerte, y la muerte nos da pánico, nuestra sociedad occidental vive de espaldas a ella.

¿Alguien en tu sistema familiar se quitó la vida? Si es así, lo sepas o no, te va a condicionar. Sacarlo a luz y honrar la forma de morir de esa persona, sin juzgarla y con la comprensión de que también pudo seguir un destino familiar anterior, y así compensar algo que ocurrió en su historia familiar, te libera. Más adelante mostraré un bonito ejercicio de despedida de un suicida.

EMIGRACIONES

Este tema a mí me afecta personalmente por ser gallega, ya que procedo de una de las regiones de España donde la emigración ha sido muy importante, lo que ha generando un gran matriarcado, debido a que las mujeres se quedaban a cargo de las tierras y de todo el sistema familiar. Los hombres vivieron el dolor de tener que marcharse y dejar a todos sus seres queridos. Aquí, en este apartado, se incluyen también las migraciones, el exilio y los destierros.

La emigración, en algunos casos, puede considerarse una salida forzada para algunas familias en muchos países. En general, se busca sustento o seguridad física, como en el caso de una guerra. También puede producirse por problemas de territorio o sociopolíticos, como los exilios forzados o voluntarios.

La emigración puede llegar a generar un nivel muy alto de estrés, que supere la capacidad de tolerancia física y emocional de las personas hasta tal punto que incluso pueden enfermar. El estrés es una reacción del organismo a un medio ambiente que exige una constante acción adaptativa. Existe una relación directa entre el grado de estrés que viven los inmigrantes y la aparición de síntomas.

Asimismo, en algunos casos, otro factor determinante es la sensación de *enfado* con el país de origen, o con el país al cual se llega y donde se vive actualmente. Puedes marcharte de un país con una sensación de injusticia, de frustración, que va a generar rabia y enojo.

También puedes tener este sentimiento en el país al que llegas, bien porque echas de menos a tu país de origen, por la desilusión de lo que te encuentras, por el trato recibido o por el esfuerzo que supone adaptarse a una nueva cultura.

Los adultos son quienes toman la decisión, y los niños y adolescentes se ven forzados a seguirlos. En algunas ocasiones, los padres dejan a sus hijos un tiempo con algún familiar en el país de origen mientras ellos deciden abrirse un nuevo camino, y después de un tiempo se vuelven a reunirse con ellos, aunque, en algunos casos, este reencuentro nunca llega a producirse, o, cuando tiene lugar, los hijos consideran que es demasiado tarde para restablecer la relación. Si se vuelven a reunir, serán unos extraños los unos para los otros y el proceso adaptativo en algunas situaciones será difícil. En la consulta me he encontrado con familias que nunca llegaron a un entendimiento.

En otras situaciones, los padres llevan a sus hijos con ellos y el proceso es realizado por padres e hijos juntos. Sin embargo, en otras situaciones, son los padres los que meten a sus hijos en un barco y los entregan a su suerte, en un intento de que puedan tener una vida mejor, como ocurrió durante la guerra civil española. Esto produce en estos niños una gran desolación, con lo que se genera este movimiento interrumpido.

Sea cual fuere, la emigración de menores es forzada, por lo que es importante observar qué actitud ha adoptado el niño frente a esta nueva situación que le ha sido impuesta.

Normalmente, en el corazón del inmigrante van a estar tanto el país de origen, si se ha marchado amándolo, como el país donde ha residido durante un tiempo, si ha tenido vivencias que hayan sido relevantes en su vida, por lo que tiene el corazón dividido. Este conflicto interno de los inmigrantes puede estar más o menos acentuado, y en algunas ocasiones crea un conflicto interno. Por todo esto, los emigrantes son un grupo en el que existe una gran *herida*, que, aunque sane con el tiempo, dejará su cicatriz. Esta herida será mayor o menor de acuerdo con el tipo de salida y proceso que la familia ha llevado a cabo.

Tipos de emigraciones

Emigración elegida no forzada

La familia decide emigrar como forma de enriquecimiento personal y grupal, para tener nuevas experiencias de vida. Varios ejemplos pueden ser: aprender otro idioma, conocer otra cultura, hacer una carrera, mejorar en el trabajo, etc.

Se vive el cambio con ilusión, alegría y con una actitud en la que la tendencia es a ver lo positivo y no tanto las dificultades. Las personas sienten que es más lo que se gana que lo que se pierde.

Emigración elegida forzada

Existe una insatisfacción en el país de origen y una creencia de que el nuevo lugar puede resultar satisfactorio. La familia decide emigrar para lograr algo que cree que en su país no puede conseguir, o porque considera que en el nuevo lugar tendrá un nivel de vida mejor. Un ejemplo muy claro son los profesionales que buscan mejores condiciones económicas y sociales, como los investigadores, que en algunas ocasiones no son reconocidos ni tienen medios para realizarse en su propio país. Otro ejemplo es que los miembros de la familia puedan reunirse.

El cambio se puede vivir con frustración, tristeza y con una actitud ambivalente, ya que se puede ganar mucho y perder mucho a la vez. En ocasiones estas personas tienen un profundo sentimiento de frustración y grandes dificultades de adaptación.

Emigración forzada

Es la más dura de todas. La familia decide emigrar porque considera que sus vidas pueden estar en peligro. La pobreza extrema, las guerras, el exilio político, los problemas de territorio, las enfermedades o el escaso acceso a los alimentos o tratamientos médicos fuerzan a la persona a buscar formas de supervivencia. El cambio, por tanto, se vive con dolor, rabia, impotencia, frustración, tristeza, enfado y, a la vez, mucha esperanza e ilusión de que el nuevo lugar se convierta en la salvación. Hay muchas fantasías proyectadas en el nuevo sitio. Las personas sienten que pueden lograr mucho en el nuevo país y, al mismo tiempo, sufren experiencias traumáticas, ya que en muchísimos casos la realidad en el nuevo país es muy dolorosa. Ejemplos de este tipo de emigración sería el caso de los inmigrantes provenientes de los países de África que viajan en pateras en busca de una vida mejor. En su país sienten el miedo a la muerte por desnutrición, por falta de asistencia sanitaria y por falta de oportunidades.

Todas las emociones vividas en una generación de emigrantes, como enfado, inseguridad, miedo, impotencia, inestabilidad o sentimiento de apátrida pueden manifestarse en las siguientes generaciones. Es esencial aceptar que la migración forma parte del destino de muchas familias, regiones y países.

¿Algún miembro de tu sistema familiar emigró? Si es así, ¿cuál fue la causa? ¿Cuál fue su experiencia? ¿Has emigrado tú? ¿Has vivido algunas de las situaciones que he mencionado?

Territorio

Algunas de las consecuencias de haberse visto obligados a emigraciones forzosas o de que exista algún destierro o exilio en la familia son que en el futuro aparezcan problemas con el territorio. Si es tu caso, es probable que no te sientas a gusto en ningún lugar, o que busques con desesperación un «hogar» que no acabas de encontrar.

Asimismo, si se tiene un gran número de hermanos y en un momento dado no había medios para subsistir, se puede llegar a perder el territorio.

Contesta a estas preguntas:

- ¿Sientes que tienes tu sitio en este mundo, en la sociedad y en tu propia familia?
- ¿Tienes un sentimiento constante de desarraigo?

HECHOS TRÁGICOS

Antes se han mencionado algunos de estos hechos. Puedes hacer una lista con los datos dramáticos que te hayan contado de tu familia, como temas de abusos, maltratos, guerras, ruina económica, estafas, asesinatos, fusilamientos, muertes durante el parto, enfermedades, violaciones, etc. Anota todos los hechos dolorosos que hayan marcado la vida de tu familia.

La guerra

De todos los hechos trágicos, el más cruel de todos es la guerra, debido al número de personas que implica y a las consecuencias que acarrea, ya que cambia significativamente la vida de las familias y de las generaciones futuras.

La guerra es un monstruo que entra en la vida de las personas, les rompe el corazón y les quita la capacidad de amar. Arrasa, divide familias y genera miedo, dolor, sufrimiento y desesperanza. Las familias se llenan de secretos indecibles cuando se dividen en triunfadores, delatores, colaboracionistas y sometidos. Los torturados o desaparecidos dejan heridas en las familias y los amigos. La crueldad se protegerá a sí misma ocultándose en terribles secretos.

Todas aquellas personas que han vivido una guerra acaban teniendo lo que se llama *neurosis de guerra,* que consiste en tener pesadillas, insomnio, temblores, e incluso ceguera o histeria, ya que han vivido con la amenaza constante de perder su vida o de resultar heridas. El miembro de la familia puede haber sido testigo de muchas atrocidades, y siente que el miedo le ha calado hasta los huesos. La exigencia física y mental de la guerra termina por exprimir al máximo a cualquier ser humano; el constante miedo a morir acaba por mermar la resistencia mental de cualquier persona.

Esconder y negar la historia es peligroso e injusto, y nos lleva a un estado de locura que se puede manifestar en las generaciones posteriores. La guerra no sólo afecta a aquellos que la vivieron, sino que también aparecerán problemas psicológicos en los nietos de aquellos que fueron a la guerra. Existe *la transmisión del trauma generacional,* una memoria histórica de dolor y sufrimiento que se transmite de generación en generación. Los hijos heredan el sufrimiento de sus padres y sus abuelos. Los muertos no pueden hablar, pero sus hijos y sus nietos, sí. Hay estudios que muestran que los hijos de los supervivientes de los campos de concentración vivieron menos que otros cuyos padres no hubieran vivido ese desastre. Incluso fallecieron a una edad más temprana que sus hermanos nacidos antes de la guerra. De alguna manera, el dolor de sus padres se grabó en su genética. La guerra deja mucho dolor y muchas lágrimas congeladas, y la adicción en las generaciones futuras es una manera de calmar ese dolor.

Los nietos de las guerras «heredan» o «absorben» a través de la comunicación no verbal que tiene más fuerza la carga inconsciente del sufrimiento de sus padres y de sus abuelos que la comunicación verbal. Esto es más difícil de ver, porque la conexión con la situación original se ha perdido, ya que se salta una generación. Los padres tienen alguna conexión con los eventos traumatizantes, pero los hijos aprendieron a callar y a no saber qué hacer con las emociones de sus padres traumatizados. Esto hace que la generación de los nietos lleve una carga en el inconsciente a la que es más difícil acceder, porque los años de silencio y de comportamientos que han servido para esconder las emociones dificultan la comprensión de las manifestaciones del trauma. Aparecen, así, diferentes síntomas, como miedo a hablar directamente con una figura de poder (jefes, padres), la queja sin acción, la necesidad de un enemigo común, confusión, repetición, autoritarismo, fobias, obsesiones, radicalismo, rabia, adicciones, etc.

Ciertamente, existe una transferencia intergeneracional de rasgos en humanos, como la herencia genética, o la herencia cultural como el aprendizaje. La guerra demostró en diferentes estudios que hay mecanismos de herencia diferentes. *La epigenética* demuestra que una exposición exterior a un trauma, a una guerra, al hambre o situaciones de estrés induce cambios moleculares que, a su vez, afectan a la salud o la conducta de sus descendientes.

La sanción es el proceso de hacer consciente lo inconsciente que hemos heredado de nuestros padres y abuelos, del trauma. Se necesita hablarlo, una reparación, pedir perdón por lo hecho, limpiar las heridas, dar importancia a toda la historia y al sufrimiento, y que se haga justicia. Lo que nos permite crear un futuro mejor es sanar las heridas del pasado y vivir intensamente el presente.

Después de la guerra aparece otro difícil factor que debe tenerse en cuenta en las familias, que es el *reencuentro* al regresar de la guerra. Las familias de los que fueron a la guerra esperan con muchas emociones mixtas poder volver a estar juntos después de un largo tiempo. Cada miembro de la familia tiene diferentes expectativas. Cada situación familiar es distinta.

Las parejas en este reencuentro pueden ser conscientes de que la guerra ha creado tirantez en su relación. Algunas mujeres están heridas por la carga que se vieron impuestas a llevar, sintiéndose abandonadas y solas, llevando todo el peso de la casa y los hijos. Cuando el hombre regresa después de la guerra la situación puede ser tensa, ya que ninguno de los dos es la misma persona que antes, tanto a nivel emocional como físico.

Este *dolor silencioso de la mujer* se hereda también generacionalmente, porque, además, algunas de ellas, debido a la guerra, sufrieron abusos, vejaciones y desprecios por parte de otros hombres. Se sintieron desprotegidas, por un lado, y, por otro, sienten rabia hacia el abusador. Esto genera una profunda herida en las mujeres, en lo femenino, que se transfiere de generación en generación. Algunas mujeres sienten un gran rechazo, rabia y antipatía por los hombres sin conocer en realidad la causa de esos sentimientos, que vienen heredados del dolor de sus abuelas.

> «Muchas guerras surgen por la pretensión de compensar algo posteriormente, alguna injusticia que ocurrió en un pasado, y así se da una nueva injusticia, y la cadena sigue. La paz se establece cuando lo pasado puede ser pasado».
>
> BERT HELLINGER

Más adelante mostraré un precioso ejercicio para sanar el dolor de la guerra y poder vivir en paz y en reconciliación.

Lealtades

Las lealtades, o fidelidades familiares, son uno de los *programas inconscientes* más poderosos de los que rigen nuestra vida. A veces, esta lealtad invisible sobrepasa los límites de lo verosímil y, sin embargo, existe y hace que repitamos patrones tanto de dolor y sufrimiento como de felicidad y abundancia de generación en generación.

Entre el sujeto y el ancestro se establece una lealtad invisible mediante la cual la persona *carga* con experiencias traumáticas que no son suyas, que fueron silenciadas o que no se elaboraron en su momento. Esto se debe a que los seres humanos necesitamos la pertenencia y la aceptación para poder sobrevivir.

En ocasiones, ser parte de un grupo, de una familia o de un clan demanda sacrificios demasiado grandes. Uno puede pensar que no le afecta, pero siempre existe esa lealtad, esa fidelidad, aunque en ocasiones queda encubierta bajo una *negación*, al creer que sólo nosotros determinamos las decisiones que tomamos en la vida. Incluso a nivel inconsciente, la elección de nuestras parejas está dirigida por estas lealtades a las vivencias de los ancestros.

Cuando hay un material psíquico familiar que no ha podido ser elaborado, por ser traumático, se transmite de generación en generación. A partir de este vínculo o lealtad invisible, todo sujeto recibe una historia singular que no es propia, pero que incorpora en su psique y determina su experiencia vital.

Se hablará de las lealtades más extensamente más adelante para ayudarte a que puedas reconocer las tuyas, ya que todo el mundo las tiene.

Secretos

En toda familia hay temas de los que resulta difícil hablar. Los secretos implican un compromiso de callar frente a determinados temas, debido a que hablar podría tener consecuencias desastrosas. El silencio gira en torno a un tema asumido como tabú. Los pactos de silencio involucran a generaciones enteras. El silencio es una forma de reprimir, de encapsular. El silencio enferma y la palabra sana.

Algunos secretos de familia son situaciones en las que hubo una víctima y un perpetrador, y este último no asumió la culpa ni el daño realizado. Por el dolor tan fuerte que causa se trata de olvidar, silenciar este hecho, así como por su repercusiones legales, sociales y familiares, en caso de que saliese a la luz.

Como los secretos generan grandes consecuencias familiares, también se hablará de ellos con más detalle un poco más adelante.

LEALTADES

Las lealtades familiares afectan en las diferentes áreas de la vida y van a condicionar a *nivel inconsciente* cada una de las decisiones, pues son códigos que rigen nuestras vidas. Conocerlas es el primer camino para poder desactivarlas.

«Se nos ha dado la elección de liberarnos de la repetición para nacer a nuestra propia historia».

ANN ANCELIN SCHÜTZENBERGER.

Estas lealtades se pueden observar desde tres perspectivas. Se puede ser leal de diferentes maneras, que pueden ser incluso complementarias.

La lealtad *transgeneracional,* aquella que vincula a las diversas generaciones entre sí, por ejemplo, entre abuelos y nietos.

La lealtad *intergeneracional,* en la que los vínculos se producen entre una generación y la siguiente, entre padres e hijos.

La lealtad *intrageneracional,* dentro de una misma generación, en cuyo caso los vínculos son entre los iguales.

Formas de ser leales

Mostraré diferentes formas de lealtades o repetición del árbol genealógico para que puedas descubrir cuál es la tuya. Puede que, dependiendo del tema, por ejemplo, la pareja, el trabajo el dinero, puedas ser leal de diferente manera en cada caso. Anímate a descubrirlo.

Repetición pura

Se repite lo mismo que sucedió. En la repetición pura, se repiten o reviven de manera casi idéntica los sucesos: Por ejemplo:

> «Mi abuela era sometida y maltratada por mi abuelo y todas las parejas que tengo se aprovechan de mí y me maltratan».
>
> «Mi madre perdió a mi padre por un acontecimiento traumático y decidió que nunca tendría más parejas, entonces yo soy incapaz de mantener una pareja en el tiempo».

Repetición por interpretación

En la repetición por interpretación, la persona repite lo que interpreta que ha pasado. Por ejemplo, interpreto que, debido a un hecho que ha sucedido, un antepasado sufrió mucho y a mí me ocurre lo mismo.

Por ejemplo, a mi consulta acudió una chica cuya abuela fue madre soltera. Ella llevaba ese sufrimiento y atraía a hombres que la abandonaban, pero con el tiempo descubrió que a su abuela le gustaban las mujeres, que sólo había utilizado al hombre para ser madre y que nunca fue abandonada, sino que fue ella la que lo abandonó.

Repetición por oposición

Se repite lo contrario de lo que sucedió. Por ejemplo: «Mi bisabuelo era muy religioso y reprimido, y yo tengo mucha vida nocturna y me encantan los vicios», «Mi padre o mi madre sufrieron mucho en la relación de pareja, y entonces yo no me permito tener pareja».

Repetición por compensación

Se repite lo que pasó compensando y se paga el precio. La conciencia de *culpa* derivada de un acto determinado que ha persistido a través de generaciones familiares y ha conservado toda su eficacia en generaciones posteriores que nada podían saber de dicho hecho hace que esta última generación intente pagar un precio por un hecho que fue cometido por sus antepasados. De esta manera, a través de la culpa, compensan *una injusticia* cometida en anteriores generaciones. Hay compensaciones que pueden ser muy dolorosas porque llevan a un estado de escasez, desamor y enfermedad. Por ejemplo, un abuelo, cuya negligencia en el trabajo causa la muerte de muchas personas, hace que todos sus nietos enfermen en un intento inconsciente de compensar la injusticia por la falta de atención de su abuelo. Otro ejemplo diferente de compensación sería el siguiente: «Mi abuelo se suicidó a causa de una enfermedad mental y yo me convierto en médico psiquiatra». Aquí se compensa a través de la profesión.

Repetición por identificación

Se repite el síntoma o la emoción que otra persona padecía en la historia familiar. La persona se identifica con el familiar y expresa su lealtad invisible a través de un síntoma, una enfermedad, una carencia, dolor y sufrimiento. Varios ejemplos serían : «Mi abuelo era alcohólico, mi padre tiene una úlcera y yo desarrollo una tuberculosis», «Mi madre tenía depresión y pocas ganas de vivir, yo siempre estoy apática, cansada y no sé por qué».

Una vez identificadas las formas en que podemos ser leales a nuestro sistema familiar, vamos a ver cómo se manifiestan en algunas áreas de nuestra vida. Aunque pueden manifestarse en todas y cada una de las áreas, sin ninguna exclusión, sólo nombraré aquellas que más me encuentro en mi consulta.

Lealtad familiar en la pareja

Es muy habitual ver los síntomas de lealtad familiar en la pareja. A la mayoría de mis clientes cuando les pregunto en qué se parece su pareja a la de sus padres o sus abuelos acostumbran a decir que en nada, pero cuando se profundiza un poco, es evidente la repetición de patrones.

Conocer cómo se da la atracción y el amor nos ayuda a entender mejor esta lealtad. A la hora de elegir una pareja, no solamente existe lo que vemos, sino también diferentes miradas según los ojos con los que mires. Tenemos tres diferentes ojos a la hora de elegir pareja:

1. Los ojos de la mirada. Son los de ver, los que miran a una persona, a la pareja como es. Vemos lo atractiva físicamente que nos puede resultar la otra persona objeto de nuestro amor. Éstos son los que menos ven, porque se mueven por la atracción física.
2. Los ojos del corazón, que interpretan según tus vivencias. Nos miramos y atraemos a la pareja por necesidades mutuas. Éstos no son muy objetivos.
3. Los ojos de las historias familiares. La elección real de la pareja se hace con estos ojos. Las historias familiares son los ojos que eligen por ti. No somos nosotros los que elegimos la pareja. Los que escogen son nuestros antepasados, los abuelos y las abuelas. Las historias familiares son las que crean la atracción. Elegimos el hoy con los ojos del pasado.

Cuando tengas problemas en la pareja, serás consciente de cómo haces esta elección. Teniendo diferentes posibilidades de elegir pareja, unas mejores que otras, si eliges las menos afines a ti, se debe a tus historias familiares, que te están condicionando. Cuando uno busca pareja, no decide libremente, está totalmente condicionado por esta lealtad familiar. Está condicionado de manera inconsciente a encontrar a la pareja que le permita desarrollar su funcionalidad. En este sentido, el inconsciente familiar empuja a la persona a sentir algo más especial cuando puede encajar para mantener la fidelidad familiar. Por eso, el amor es un encuentro de biografías.

A menudo veo parejas en mi consulta que son un reflejo exacto de la vida de pareja del abuelo, la abuela o incluso sus propios padres. Al preguntarles por la relación de pareja que tenían estos antepasados, terminan dándose cuenta de que repiten los mismos roles que ellos y que los están aplicando a su pareja actual.

Esto ocurre sin que uno sea consciente, pero la lealtad familiar tiene una fuerza increíblemente potente. Una reflexión sobre tus antepasados, sus vidas, sus relaciones de pareja y el lugar que ocupan en nuestras vidas nos proporcionará mucha información sobre las identificaciones que establecemos con ellos, así como sobre su legado.

Las formas de amar son memorias

Tenemos memorias familiares detrás de nosotros que determinan nuestra manera de amar. Tenemos formas de amar que proceden de nuestra *infancia* y también tenemos *cadenas* que vienen de hace mucho tiempo.

Cuando hablamos de los ancestros y de las memorias, no tenemos un pensamiento lineal. Hay que buscar en el pasado esa forma de *amor conflictivo*, saber cuál es la historia que está dirigiendo nuestra elección. Tal vez los padres vivieron una buena relación de pareja, pero quizá esto no haya ocurrido con los abuelos.

Los códigos de las memorias familiares se forman a través de los traumas de los antepasados. En *las separaciones* se activan las memorias familiares. Así, aparecen *patrones y códigos* como: «No me puedo separar a pesar del maltrato». A veces, aunque la persona esté viviendo esta situación en su pareja, no es capaz de separarse. Puede aparecer la culpa de sentir que si se separa está traicionando al sistema familiar. Otro ejemplo de patrón sería: «Sólo estamos unidos por los hijos». Esto genera culpa a los hijos, porque creen que son la causa del sufrimiento de sus padres. Los hijos consideran que son responsables de que los padres no se puedan separar y, por tanto, son responsables de este sufrimiento.

Otro patrón es, por ejemplo: «No se puede confiar en ningún hombre». Muchas personas han crecido escuchando de sus padres y abuelos frases como éstas, que se repiten de generación en generación, y se instalan en nuestro inconsciente como mandatos que dirigen nuestro destino. Sin conciencia del impacto que tienen sobre tu persona, se convierten en *verdades* que no se cuestionan, se perpetúan y, así, tu vida queda condicionada por estos programas heredados, haciendo que de una manera inconsciente atraigas a parejas que cumplan este código.

Hay personas que cuando son novios se sienten libres para ser ellas mismas. Pero en el momento en que se casan, aparecen las lealtades invisibles a sus sistemas familiares, las culpas, los secretos.

El trauma hace que en la *elección de pareja* repitamos y *recreemos las escenas traumáticas* que nos sucedieron en la infancia o que vivió algún *antepasado* nuestro. Cuando descubrimos estas memorias, somos libres para tomar decisiones. Para poder cambiarlas tienen que hacerse desde una decisión consciente; si es inconsciente, sólo repetimos patrones de historias del pasado.

Las proyecciones del pasado se solucionan creando una nueva fórmula propia de pareja, disolviendo el conflicto. Cuando se saben estos códigos secretos familiares, cuando salen a la luz, entonces se puede empezar a negociar. Empezamos a *ser libres* cuando podemos crecer en el proceso a *través del conflicto.* ¿Te atreves a crear tu nuevo futuro de relaciones?

Lealtad familiar en el trabajo

Puede resultar fácil verla cuando se trata de trabajos comunes dentro de la familia, aunque en muchas ocasiones aparece de una manera más sutil con la finalidad de *reparar* alguna situación del clan.

También resulta muy habitual que, detrás de un trabajo común entre los miembros de la familia, exista un *proyecto sentido:* padres que desean que sus hijos sean, por ejemplo, abogados, médicos, o cualquier otra profesión para tener uno en casa y así seguir la tradición.

A veces, un miembro del clan que tiene una determinada profesión muere de una forma traumática, en cuyo caso el clan familiar la proyecta en su hijo. El hijo elige esa profesión creyendo que lo hizo libremente. Lo mismo ocurre en muchas otras profesiones. Es habitual tener la sensación de que se ha elegido sin condicionantes, porque no sabemos ver la relación que existe entre la profesión y la fidelidad familiar.

Cuando una madre proyecta en su hijo a su propio padre, que era, por ejemplo, pintor, el pequeño empezará a jugar con los pinceles enseguida. De la misma manera que si, desde pequeño, un niño escucha cosas como: «Serás abogado, como los hombres de provecho de esta familia». ¿Qué hará entones el hijo? Si el hijo escucha palabras limitantes como «Los hijos nunca pueden superar a los padres», entonces, si el padre es médico, el hijo se hace enfermero, con lo que aparece de nuevo la *neurosis de clase.*

Plantéate si a ti te ha ocurrido algo parecido a los ejemplos mencionados y reflexiona sobre los motivos que te han llevado a elegir el trabajo que desempeñas.

Hazte las siguientes preguntas en cuanto a tu trabajo:

- ¿Por qué escogiste tu profesión?
- ¿Te gusta?
- ¿Te gustaría desempeñar otra?
- ¿Qué te lo impide?
- ¿Qué trabajo te haría feliz?
- ¿Se repiten los mismos trabajos en tu familia?

Lealtad familiar en la repetición de eventos

En muchas ocasiones se produce lo que llamamos *el síndrome del aniversario,* donde se pueden encontrar esas lealtades. Que una persona tenga un accidente el mismo día, aunque de años distintos, que un ancestro tuvo un accidente mortal no es casual. A estas alturas ya sabemos que *la casualidad no existe.* De ahí la importancia de conocer las fechas de sucesos importantes que se han producido en la familia, además de saber la edad que tenían nuestros ancestros cuando los vivieron. Si te resulta difícil encontrar fechas o estos datos, no te preocupes, ya que siempre habrá algo que te proporcione información. Te animo a que sigas.

Lealtad familiar a las emociones

Tendemos a pensar que las emociones que sentimos sólo aparecen en función de lo que uno vive o siente, pero en este caso la fidelidad familiar también transmite emociones. De la misma manera que se transmiten los rasgos físicos, los rasgos emocionales también se transmiten de generación en generación. Emociones como *la rabia, el miedo, la tristeza, o la angustia,* e incluso la *depresión,* pueden tener su origen en otra generación, y sólo se requiere una chispa para que exploten. Es muy habitual encontrar memorias de guerras, hambrunas, muertes violentas o agresiones que en los descendientes quedan grabadas en el inconsciente colectivo familiar o campo mórfogenético, y aunque no se cuentan, son transmitidas y heredadas para que se disparen en caso de necesidad.

Hay que tener en cuenta que todo lo que queda pendiente de resolver por alguien del clan va a pasar a las siguientes generaciones para que lo resuelvan, y las emociones son fruto de aquello que *no se resolvió.* Cuando en consulta le comento a una persona que, por ejemplo, tiene la rabia de su abuela, es posible que se asombre. Sin embargo, si le comento que tiene el mismo color de ojos o la estatura de la abuela, le parece la cosa más normal del mundo, ya que se tiene la convicción de que sólo heredamos los rasgos físicos, y no los emocionales.

Lealtad en las enfermedades

Muchas enfermedades se explican sacando a la luz las implicaciones y lealtades a ciertas dinámicas ocultas no sanadas de nuestro sistema familiar. Para la conciencia interior, los antepasados siempre están en nuestro interior como fuerzas vivientes. Como en el pensamiento sistémico no existe el tiempo ni espacio, es decir, no es lineal, resulta indiferente que esos familiares hayan fallecido hace mucho tiempo o que no los hayamos conocido.

Las enfermedades pueden entenderse cuando se miran en un contexto más amplio, no es sólo un tema personal. Las dinámicas ocultas detrás de las enfermedades pueden deberse a diferentes causas:

Por un lado, la enfermedad puede muy bien ser un intento sistémico de *retornar al equilibrio del clan*. Por ejemplo, si una persona ha padecido un destino trágico en el pasado, porque murió o porque sufrió alguna enfermedad o hecho trágico, dentro del sistema se genera un dolor que se hereda en la siguiente generación. De esta forma, un miembro joven del sistema toma este dolor y lo sufre para estar en equilibro con ese antepasado. Los niños, como ya se ha comentado, están dispuestos, por amor inconsciente, el amor ciego a sus padres, a llevar cargas y traumas no resueltos en el sistema familiar, que se acaban manifestando a través de las enfermedades, que pueden aparecer cuando son niños o adultos.

También existe *la enfermedad por expiación*. Aquí, la sensación interior es de no merecer lo bueno si *otras personas de mi familia han causado algún daño o mal a otras personas*. Es una compensación por un hecho traumático ocurrido en el pasado. Yo la viví en mi propio sistema familiar. En el estudio de mi árbol genealógico descubrí cómo mi sistema familiar estaba compensando con enfermedades graves un hecho trágico cometido por mi abuelo. Me di cuenta de que el árbol me estaba diciendo algo. Tenía que conseguir una visión más amplia, no mirando sólo los hechos aislados de mis enfermedades y las de mis hermanas, sino que tenía que ir más allá, a mis antepasados. Siempre hay un programa que conforma el síntoma. Así, con esta visión más amplia, pude trascenderlo y dejar de compensar por algo que no me correspondía, y desactivar el programa inconsciente.

En cada caso hay que investigar qué ha pasado en la historia de cada familia, ya que ahí hay muchas claves. Esto es difícil de comprender si miramos a cada persona desde un punto de vista exclusivamente individual, así que es preciso recurrir a la visión sistémica para poder aclarar lo que ocurre.

La solución, por supuesto, consiste en devolver el problema a quien lo padeció, deshaciéndonos así de una carga que no nos pertenece, ya que del mismo modo que podemos enfermar por lealtad a ellos, también podemos sanar honrando sus destinos y sintiendo amor por nosotros mismos. Es preciso recuperar nuestro propio destino, abrazarlo, sin dejar de lamentar el mal que otros hayan tenido que padecer.

Las *adicciones* de cualquier tipo también pueden ser un caso de enfermedad generacional heredada. Normalmente indican ausencia de uno de los progenitores. Suele haber algún problema a la hora de aceptar del todo la energía de los padres, o bien porque éstos están debilitados, o bien porque alguno de ellos ha hablado mal del otro. En todos estos casos, es muy apropiado traer de vuelta al progenitor ausente, concediéndole un lugar en nuestro corazón. Algunas veces, detrás de la adicción hay hechos y traumas de guerra.

Todo lo anterior no excluye seguir un tratamiento médico, pero se ha de incorporar una historia clínica de lo que ha sucedido en el sistema familiar. Tu árbol genealógico puede aportar mucha luz al trabajo que haces en colaboración con tu médico. Los ejercicios e ideas que expongo constituyen una ayuda en el proceso de curación, pero en ningún caso deben sustituir el tratamiento médico recomendado por un profesional de la medicina, como afirmo en mi libro *Una mirada al alzhéimer y a las enfermedades a través de las constelaciones familiares*, de Ediciones Obelisco.

NEUROSIS DE CLASES

Las lealtades familiares nos llevan también a lo que llamamos neurosis de clase («No serás más que tus padres»). En cada uno de nosotros existe un deseo natural de mejorar, que nos impulsa a intentar tener una vida mejor que la que han tenido nuestros padres. Pero la neurosis de clase aparece cuando, por ejemplo, un hijo está en disposición de alcanzar una posición más elevada que sus padres o antepasados en cualquier plano, ya sea en el plano social, en el económico o el académico, en el de pareja, en el de la salud, e, inconscientemente, se sabotea para no lograrlo. Las formas de autosabotaje son múltiples; por citar algunos ejemplos, puede ser una enfermedad repentina el día de un estreno en el teatro, o quedarse completamente en blanco el día del examen a pesar de saber el tema muy bien el día anterior.

Un cliente que vino a mi consulta con una capacidad creativa y empresarial enorme se había arruinado varias veces debido a las malas decisiones que había tomado en su negocio. Gracias al estudio de su árbol pudo descubrir esta lealtad inconsciente a su abuelo paterno, que se había arruinado, lo que hizo que su padre viviese en la escasez. Internamente, él pensaba: «Si triunfo, dejaré a mis padres por debajo, tendré una vida mejor que ellos, que tanto sufrieron». Entonces aparecía la culpa, que era la que inconscientemente le guiaba para tomar las decisiones que lo llevaron a la ruina. Él pudo observar su autosabotaje inconsciente, por el cual hacía algo que lo perjudicaba en gran medida, y que en muchos casos quedaba enmascarado bajo un hecho accidental.

En algunos sistemas familiares puede haber dos mandatos inconscientes, aunque siempre la familia, conscientemente, dirá que prefiere que sus hijos sean mejores que ellos, a pesar de que en algunos casos aparezcan los celos, algo que los hijos perciben. A veces es la propia persona la que lo interpreta de este modo por una lealtad inconsciente o por el sentimiento de culpa de ser mejor que sus antepasados.

Puede haber diferentes decretos contradictorios en una familia, tales como: «Debes llegar más lejos que nosotros, tus padres», y, a la vez, por otro lado: «No puedes ser mejor que tus padres». Ésta es una situación difícil, ya que si triunfa, dejará a sus padres por debajo, y si fracasa, desobedecerá el mandato que le ordena que tiene que prosperar. De este modo, el fracaso está siempre asegurado.

Diferentes formas de autosabotaje

Ponerse un listón demasiado alto, Para intentar alcanzar objetivos que están fuera de nuestro alcance. Eso es garantía de fracaso, ya que lo que falla es el origen, el planteamiento de inicio de la carrera de la persona. Un ejemplo sería querer terminar una carrera de cinco años en dos. La presión puede ser tan grande que puede provocar un fracaso seguro.

Lograr el éxito profesional y ser golpeado con un grave acontecimiento personal o familiar. Así, una persona puede triunfar en su negocio después de una dura lucha de años y encontrarse con que su pareja le es infiel, ya que se ha sentido abandonada durante todo este tiempo. Hay refranes españoles que hablan de este tema, como, por ejemplo, «Afortunado en el juego, desafortunado en amores» o «No se puede ser feliz en todo».

El ansia de perfección. De esta forma se están creando las bases de una decepción que puede tener su origen en una neurosis de clase. Si una persona, siguiendo el ejemplo anterior, aspira no sólo a completar sus estudios, sino también a realizar dos cursos en un solo año y, además, sacar unas notas excelentes, está creando las bases para una decepción.

Evidentemente, la neurosis de clase no afecta a todas las personas que intentan superar a sus padres o antepasados. De hecho, suelen ser casos minoritarios, ya que en la mayor parte de las ocasiones, el deseo de los padres de que los hijos los superen es tan poderoso que permite que éstos puedan dejar atrás cualquier temor y sentimiento de culpa y avanzar en su carrera profesional. En algunos casos, cuando se da este conflicto, suele ser bastante difícil de reconocer, y, por tanto, de solucionarlo. Esto se debe a que la persona normalmente no actúa de manera consciente en contra de sus propios intereses, sino que todo parece un mal destino, una confabulación del universo en su contra.

Sólo cuando el individuo reflexiona sobre los acontecimientos que le han impedido mejorar su situación, trabajo, dinero, salud o amor, es cuando reconoce que en el fondo que tenía un extraño temor a lo que sucedería si conseguía sus objetivos y superaba a sus padres.

SECRETOS DE FAMILIA

Otro factor muy importante a la hora de investigar nuestro árbol genealógico para ver cómo nos influye son los secretos de familia, y lo que es evidente es que en todas las familias los hay. En todas hay secretos que no se cuentan. Si deseas realizar un árbol genealógico para buscar causas de síntomas, los secretos son esenciales. Si se observan con respeto y con amor, cuando salen a la luz, ayudan a liberar el sistema.

Detrás de algunos temas personales hay secretos de nuestro sistema familiar. Nuestra historia es la de nuestros antepasados, y tiene un peso sobre nosotros. Una de las principales características del secreto es que *consume mucha energía*. En nuestro interior, el secreto siempre quiere salir, ya que genera dolor en la psique, así como tensión interior.

El síntoma intenta hacer visible lo oculto, el secreto. Cuando unimos las piezas del puzle, todo cobra sentido. Tenemos que integrar nuestra historia familiar. Los que han vivido antes que nosotros nos ofrecen una tarea que ha quedado sin resolver. Con los secretos, vemos las partes que no se pudieron finalizar; vemos lo inacabado, lo no aceptado. Cuando sale a la luz y lo aceptas, eres consciente de que todo lo que se ha vivido en otro momento hoy te construye. Todo ha valido pena: alegrías, tristezas, gracias y desgracias, ya que todo construye, por muy doloroso, inaceptable e insoportable que haya podido resultar.

Algunos secretos están al servicio del sistema, lo protegen de una información que aún no está preparado para integrar. Otros deben ser revelados para poder incluir lo que se excluyó. Se debe saber cuál es el mejor momento para revelar dicho asunto. Un secreto sólo debería ser revelado en el contexto adecuado, cuando las personas que han de recibir la información están preparadas para ello. Cuando sale a la luz, el secreto produce una gran liberación. Así, es bastante frecuente que la gente afirme: «Yo ya notaba una carga, algo que no era mío». El hecho de ser conscientes nos sana. Lo que da fuerza al sistema es reconocer lo que no fue reconocido.

CÓMO SABEMOS QUE TENEMOS SECRETOS OCULTOS

En todos los sistemas familiares hay secretos que nos afectan.

Efecto de los secretos

El destino de los que vivieron antes se repite. Los secretos, lo no dicho, lo oculto en las familias tiene consecuencias impredecibles, lo que da lugar a un interminable ciclo de repeticiones.

- El dolor y sufrimiento se repiten de generación en generación.
- Las cargas que sentimos son insoportables.
- La vida que queremos vivir no es posible.
- Efecto fantasma: vivo algo que no es mío, algo habita en mi interior. Cuando nunca se habla de alguien que murió, y después a otro miembro de esa familia le ponen el nombre de esa persona.
- Una de las principales características del secreto es que consume mucha energía y hace que tengamos una sensación de cansancio.
- En nuestro interior el secreto siempre quiere salir a la luz.
- Genera dolor en la psique y tensión interior.
- Generaciones posteriores cargan con una culpa silenciosa.
- El secreto a través del síntoma intenta hacer visible lo oculto.

CARACTERÍSTICAS DEL SECRETO

La generación en la que tienen lugar los hechos prohíbe el tema. Esa prohibición se hereda, pero lo que queda y se transmite es *el peso de ese silencio*. Callar le confiere una connotación más terrible todavía, ya que aparecen los siguiente síntomas emocionales:

- Culpa: los secretos generan culpa, que conduce al autosabotaje.
- Miedo: como consecuencia, no podemos materializar en palabras lo oculto.
- Sufrimiento: con los secretos compensamos y repetimos historias de dolor y sufrimiento.
- Expiación: se paga lo oculto, que nos lleva a enfermar y no a sanar.
- Dolor.
- Vergüenza: un ejemplo sería un embarazo fuera del matrimonio.
- Duelos congelados, como una muerte trágica o el suicidio de alguien. Estos duelos no se cierran y dejan una herida abierta.

Un paciente vio a su padre con otra mujer y mantuvo este secreto delante de su madre. Cada vez que estaba frente a ella, tenía un gran sentimiento de dolor, y a la vez sentía mucha vergüenza por todo aquello que había hecho su padre. Cuando por fin la madre descubrió que su marido le había sido infiel, el hijo se liberó por completo del sufrimiento de tener que ocultar esta información.

¿CÓMO SE GENERAN ALGUNOS SECRETOS?

Un dolor, un trauma o un duro golpe en la vida crea un silencio alrededor que forja una cápsula. Nace así una profunda herida familiar. Un acontecimiento que no se puede verbalizar se manifiesta en forma de síntoma. Y los secretos familiares no permiten avanzar.

El silencio crea separación no sólo en las personas, sino también entre ellas, como en el caso del hijo del anterior ejemplo, que se acaba distanciando de su padre infiel y de la madre por su sentimiento de culpa, de manera que se encuentra llevando esta carga completamente solo. Cuando la gente comunica algo que estaba oculto, siente un gran alivio y unión. El silencio *protege*. Sacarlo a la luz resulta doloroso, pero después es liberador. Conectamos con las cosas dolorosas que oculta el secreto, nos liberamos y somos creativos, y así no repetimos la vida de otros.

Por lo general, cuando alguien, casi siempre *el buscador del clan*, empieza a preguntar a su familia sobre los secretos, algunas de las respuestas que el clan da son las siguientes:

- No, en nuestra familia no hay secretos.
- Vas a hacer que enferme con tanta pregunta.
- ¿Te han dicho algo?
- En mi familia todo fue bien.

Pero es imposible. Todas las familias los tienen.

TEMAS PRINCIPALES DE LOS SECRETOS

A continuación, se enumerará una serie de temas que son más propicios a reservar secretos. Es posible que existan más, pero en este apartado se mencionarán los que veo con bastante frecuencia en mi consulta y que tienen mayores efectos sobre las personas:

- Dinero.
- Éxito.
- Sexo.
- Relaciones de pareja.
- Adopción.
- Enfermedades graves.
- Enfermedades sexuales.
- Enfermedades de la piel.
- Enfermedades mentales.
- Emigración.
- Muertes dolorosas.
- Desapariciones.
- Exclusiones.
- Asesinatos y muertes a causa de la guerra, cárcel o extorsiones.
- Tradiciones.
- Herencias.
- Suicidios.

Secretos por cuestiones económicas

Una vez más, es necesario averiguar la relación que existe entre el dinero y las generaciones anteriores. Cuando en una familia se ha acabado en la ruina y ha habido escasez, hambre o desahucios, es necesario saber cómo se vivió, porque lo que es cierto es que nuestra relación con el dinero nos estará condicionando el momento actual.

Si en tu vida no funciona el tema económico, es muy importante conocer el peso que tiene el dinero en tu historia familiar, saber las vivencias que han tenido los ancestros con los que tienes más afinidad y después decidir conscientemente cómo actuar en función de lo que sabes ante la repetición de un patrón. ¿Te has fijado que hay gente que en el tema del dinero tiene estrella mientras que otras personas se estrellan? Infórmate de si en tu sistema familiar se ha producido alguna de las siguientes situaciones:

- Ruina y pérdidas económicas.
- Problemas con el juego.
- Empobrecimiento.
- Pérdida de la casa.
- Mudanzas por pérdida de dinero.
- Emigración.
- Desempleo.
- Peleas por dinero.
- Problemas con herencias.
- Estafas.

Éstas son sólo algunas ideas para que empieces a investigar. Puede que tengas una lealtad inconsciente a las pérdidas de dinero, o que esa lealtad se manifieste de nuevo a través de la neurosis de clase. Saberlo te ayudara a desactivarla.

Secretos con el éxito

El éxito, para mí, significa lograr la forma en que quiero vivir, lo que deseo conseguir, lo que quiero ganar. Esto me garantiza ser feliz haciendo aquello que realizo a todos los niveles: personal, emocional, sentimental y profesional. Hay creencias y códigos familiares como: «No hay mal que por bien no venga», «Afortunado en el dinero, desafortunado en amores», «No se puede tener todo» o «Tras lo bueno siempre viene una desgracia».

Estos códigos familiares inconscientes pueden estar impidiendo el camino al éxito. Asimismo, en algunas generaciones se podría haber ocultado el éxito por considerarse ostentoso, o porque se fingió un éxito que nunca llegó a existir, y esto puede estar condicionando a generaciones posteriores.

Existen diferentes maneras inconscientes de no tener éxito:

- Autosabotaje: por miedo, por incapacidad o por lealtad.
- Neurosis de clase: sólo se llega hasta un nivel para no superar lo que los padres han conseguido, tan sólo se llega hasta donde han llegado los padres. No se permite conseguir más de lo que ellos han conseguido.
- Transmisión de los padres: ellos nos han dado la vida, y por eso estamos en deuda con ellos y somos muy fieles a sus creencias y códigos carentes y limitantes.
- Compensación o repetición: los antepasados fingieron que tenían éxito. Esa mentira se puede compensar no teniéndolo, porque así se manifiesta la auténtica realidad, o se repiten los mismos patrones de fracaso de los antepasados. También algún antepasado pudo conseguir el éxito económico debido a que se aprovechó de las desgracias de otras personas, y sus descendientes lo compensan no teniendo dinero o estando arruinados, ya que así se paga el precio de lo que otros familiares han hecho. Por supuesto, en la mayoría de los casos esto se produce de manera inconsciente.

Plantéate estas preguntas:

- ¿Qué piensas y qué pensaban tus padres y antepasados sobre el dinero?
- ¿Llegasteis a amarlo de verdad?
- ¿Lo tuvisteis y lo perdisteis?
- ¿Alguien de tu sistema estafó a otras personas?
- ¿Os estafaron?
- ¿Cuál era la creencia predominante que escuchabas a menudo en tu casa acerca del dinero?

Como en cualquier problema, la solución al conflicto nunca está en el mismo nivel en el que dicho conflicto es formulado, sino en uno superior. Intenta ver a quién eres leal en tu sistema; puede que sea a tus padres o tal vez a otro antepasado más lejano. Escucha la voz que habla en tu interior, que tal vez te esté diciendo: «Ten éxito y vendrán las desgracias».

Toma conciencia del efecto que genera esta voz en tu vida y de sus consecuencias negativas si sigues su doctrina. Cambia esas creencias limitantes aceptando la posibilidad de que puedes ser afortunado en todas las áreas de tu vida.

Realiza este sencillo ejercicio:

Visualízate recibiendo de tus progenitores el deseo de que alcances el éxito y de que tengas una buena vida. Imagina a tus padres y antepasados delante de ti, mientras todos te dicen: «Te damos permiso para ser próspero y feliz en la vida, tu éxito es nuestro éxito, tu liberación es nuestra liberación». Finaliza la visualización imaginando que recibes una gran bendición y que te abres a recibirla. Date la vuelta, mira hacia tu propio futuro y siente que detrás de ti tienes el apoyo de tus padres y ancestros, sosteniendo todos ellos tu propio éxito.

Secretos por cuestiones de herencias

Afecto y dinero van juntos. Son dos energías que proporcionan seguridad para sentirte firme y seguro en la vida. Por ese motivo, todos los temas de herencia son muy viscerales y fuente de muchos secretos de familia. Todas las herencias relacionadas con la tierra son de pasiones muy altas y pueden generar conflictos.

Las causas que generan secretos de herencia pueden ser:

• Recibir un reparto distinto entre hermanos.
• No respetar la voluntad de la persona que repartió la herencia.
• Luchas entre familiares por el dinero.
• Cambiar ilegalmente el testamento.
• Excluir a algún familiar del testamento.
• Herencia de tierras.

Hay herencias malditas, como las de los nazis, que se lograron a base de la muerte de judíos. Estas herencias tienen consecuencias para los descendientes y, además, normalmente se oculta su procedencia, con lo cual también conllevan un secreto.

Las herencias han de ser miradas con amor. Si tienes creencias negativas sobre el dinero y recibes una herencia monetaria, o estás en conflicto con la persona que te ha legado algún bien, con la cual estás vinculado por su herencia, tú mismo pones trabas para recibirla. Ante una herencia siempre hay que estar agradecido. Hay que alejarse de la avaricia y acercarse a la generosidad y la humildad.

Cuando un padre deshereda a un hijo, los demás hijos aceptan esta decisión, pero después se reparten la herencia con el hermano desheredado. De esta forma respetan la voluntad del padre, pero una vez la herencia está en sus manos, establecen el equilibrio y así solventan el desequilibrio. La última voluntad está en recibir lo que los padres han dado, pero después está la voluntad de hacer lo que uno considere justo.

Hazte las siguientes preguntas:

- ¿Alguien en tu sistema familiar cambió algún testamento?
- ¿Tus padres o alguno de tus familiares fue excluido o desheredado?

La mejor herencia que unos padres pueden dejar a sus hijos es una limpieza emocional de su propio árbol.

Secretos por cuestiones sexuales

La sexualidad es, con diferencia, el área que produce un mayor número de secretos ocultos. Hace referencia a relaciones sexuales no consentidas, incestos, abusos sexuales, abortos, violaciones, embarazos adolescentes, corrupción de un menor, etc. También a conflictos relacionados con la identidad sexual, la homosexualidad oculta o las relaciones homosexuales. Alude a hijos ilegítimos fruto relaciones extramatrimoniales o hijos que se tuvieron antes del matrimonio. También a prostituirse, usar servicios de prostitutas y enfermedades de transmisión sexual, entre otras cosas.

El abuso es uno de los temas más importantes dentro de los secretos sexuales. La caja de los abusos sexuales parece haberse destapado después de permanecer durante décadas cerrada. Aparecen en la Iglesia, en el ámbito familiar, en la escuela.

El 60 % de los abusos se produce en el entorno familiar más cercano, con relaciones directas: padres, tíos, etc. Aparece, así, de esta forma, un código de silencio («Lo que pasa en mi casa no se cuenta»), con lo que se crea un secreto, ya que se vive con el mayor ocultismo y suele ir acompañado de chantaje emocional. Las relaciones se pueden dar tanto entre personas de sexo contrario como entre individuos del mismo sexo. El 70 % de las personas que han sufrido abusos en la infancia afirman que se lo han contado a alguien y no pasó nada, que no le creyeron. Creer es el primer paso, y es lo que más cura, ya que se trata del crimen más secreto de todos. No existen testigos, se produce humillación, degradación y vergüenza, que hacen que la tendencia natural de la víctima en estos casos sea no delatar las hechos.

¿Qué lleva a una persona a abusar de alguien? Ésta es la pregunta que se hace todo el mundo. Normalmente esta persona también ha sido objeto de malos tratos o abusos y es probable que sea una compensación familiar de relaciones. Hay que tener en cuenta una serie de factores: haberlo vivido antes, las malas condiciones de vida y la violencia doméstica. No podemos hablar de clases sociales, ya que los abusos no se producen sólo en las clases sociales más desfavorecidas, sino en todas sin ninguna excepción.

¿Qué se puede hacer? Lo primero es reconocer qué está pasando. Si eso no tiene lugar, no hay posibilidad de cambiarlo. Cuando existe un trauma muy fuerte, lo que tienes en la memoria ha quedado disociado. Si lo preguntas y te dicen «Sí, pasó», puedes dar sentido a lo que sucedió, y entonces se supera el trauma. Es preciso dar voz a aquello que ha sido silenciado y reclamar la inocencia. El 70 % de las enfermedades físicas que tenemos están relacionadas con el maltrato o el abuso en la infancia.

Además de los abusos, existen otros secretos relacionados con la sexualidad que el sistema va a tratar de esconder. A continuación se enumeran unos cuantos para poder investigar.

Algunos de los hechos que generan secretos sexuales son:

- Hijos anteriores al matrimonio.
- Abortos.
- Relaciones extramatrimoniales.
- Doble familia.
- Hijos ilegítimos.
- Homosexualidad encubierta.
- Incesto.
- Abusos.
- Violaciones.

- Matar para ocultar un embarazo incestuoso, fruto de una violación o extramatrimonial, o provocar un aborto.
- Enfermedades de transmisión sexual.

Plantéate las siguientes preguntas respecto a tu sexualidad:

- ¿Cómo ha sido y es hoy tu sexualidad?
- ¿La vivías o la vives como pecado?
- ¿Te sentiste libre sexualmente antes y ahora?
- ¿Cómo vivían la sexualidad tus padres y antepasados?
- ¿Era un tema tabú y represivo o, por el contrario, se hablaba con naturalidad de él?
- ¿Escuchaste en el pasado algún rumor familiar?
- ¿Sabes si hay hijos ilegítimos en tu sistema?
- ¿Qué ha pasado con las herencias?

Hay que seguir buscando, ya que éste es un tema delicado. En muchos casos se necesita ayuda, amor y un buen profesional en la materia.

Secretos por cuestiones de muertes

Algunos de los hechos que generan secretos por las cuestiones de muertes son:

- Suicidios.
- Abortos espontáneos.
- Abortos provocados.
- Muertes de fetos.
- Muertes de bebés o de niños a una edad temprana.
- Muerte de hijos.
- Muertes trágicas y dolorosas.
- Desapariciones.
- Muerte de una mujer mientras da a luz.

En las *desapariciones,* al no encontrar el cuerpo de la persona, los duelos no se pueden cerrar y el resto de los familiares mantienen constantemente en sus mentes a ese individuo, al existir miedo al olvido. Esto genera un duelo encriptado, que será necesario sanar, para poder cerrar el ciclo.

En cuanto a una *mujer fallecida durante el parto,* puede tener una importancia central en un árbol genealógico, ya que puede influir en las generaciones posteriores con una fuerza irresistible. Cuando una mujer fallece al dar a luz, o como consecuencia del embarazo, suele crear *culpa* en su pareja, en el hombre, aun cuando ella no le reprocha nada y él no tiene responsabilidad alguna en su muerte. No es extraño que la culpa por la muerte de una mujer durante el parto se transmita a las siguientes generaciones por dos vías diferentes. Aparece de nuevo *la herencia transgeneracional del trauma.* En el caso de los hombres que vienen al mundo en generaciones posteriores, también existe una dura carga, que viene dada por el deseo inconsciente de llevar el peso de sentirse causantes del mal y de ser, al mismo tiempo, receptores de la culpa paterna.

La otra vía es que el hijo que ha nacido bajo estas terribles circunstancias no sólo sentirá la carencia maternal a lo largo de su vida, sino que también será arrastrado, en cierto modo, por la culpa que ha recibido de su padre. Asimismo, el sentimiento y la percepción de que alguien tuvo que entregar su vida para que él naciera tendrá un peso muy grande sobre su conciencia. Puede creer que destruye a aquellas personas que le aman y que es dañino para los demás.

En cualquier caso, hay que reconocer que una mujer embarazada es consciente de los riesgos que corre y aun así los asume para crear el milagro de traer una nueva vida al mundo. La vida no está exenta de riesgos.

Pero para poder llevar una vida plena y libre de miedos o culpabilidad, es preciso que los descendientes trabajen con este hecho y lo sanen.

Mas adelante, si éste es tu caso, encontrarás un sencillo pero profundo ejercicio que te ayudará a liberar esa carga.

Consecuencias de estas muertes:

- Hijo de reemplazo. Un niño va a sustituir a otro que murió antes para aliviar el dolor de los padres.
- El doble: vives la vida de otra persona en esta existencia, con la persona que estás identificada.
- Padre o familiar de reemplazo.
- Duelos congelados.
- Culpa en la pareja y en los descendientes.
- Dificultad para establecer relaciones posteriores.
- Dificultad para tener hijos.
- Miedo a morir durante el parto.
- Sentimiento de culpa.

Entre otros, éstos pueden ser alguno de los síntomas.

Secretos familiares relacionados con la profesión

Uno puede pensar que elige libremente el trabajo que realiza, o eso es lo que se cree cuando uno no es consciente de los patrones familiares, pero lo cierto es que detrás de algunos trabajos que elegimos, detrás de nuestras elecciones, estamos condicionados por las lealtades al sistema familiar y a los secretos de familia.

El trabajo específico que desempeñas te proporcionará pistas de lo que reparas. Si estudiaras a fondo tu árbol genealógico, encontrarías qué estás reparando, respecto a quién y para qué.

En muchas ocasiones, la profesión que uno ejerce esconde un secreto familiar. Por ejemplo, las profesiones relacionadas con la sanidad suelen estar vinculadas a trabajos de reparación del árbol familiar; tal vez se busque una cura para la enfermedad del ancestro o se repare un sufrimiento.

La falta de contacto o comunicación entre algunos miembros de la familia también puede compensar y reparar una injusticia ocurrida en otra generación.

¿Cuándo una profesión es de reparación?

Cuando el trabajo en sí se siente como una carga. Si trabajar se te hace un mundo y no disfrutas con ello, si sientes que te ves obligado a hacer lo que estás haciendo, cuando las cargas son importantes y, además, por mucha energía que tengas no evolucionas y tienes la sensación de que estás estancado, es bastante probable que tu función sea de reparación. Cuando tomas conciencia de ello y ya no reparas, puedes seguir desempeñando el mismo trabajo, pero ya libre de cargas y disfrutando con lo que haces.

No estás reparando nada cuando la profesión que ejerces no conlleva cargas importantes, el trabajo es agradable y no resulta difícil, y en la mayoría de las ocasiones está bien remunerado.

Secretos por cuestiones de enfermedad

El inconsciente familiar nos está contando algo a través de las enfermedades. Sabemos que la salud está relacionada con lo que uno vive, y más concretamente con las emociones. Por supuesto que hay un factor genético, pero, además, la epigenética ha demostrado cómo las vivencias afectan al código genético.

Uno puede heredar un gen que lo predispone a sufrir una enfermedad, pero siempre habrá un factor que active este gen, y en muchas ocasiones este factor se puede descubrir a partir de las vivencias, experiencias y traumas de nuestros ancestros. Los traumas vividos dejan secuelas en siguientes generaciones. Y esto lo contempla la epigenética.

Algunas enfermedades tienen un importante componente en cuanto a cargas de nuestros antepasados; otras, en cambio, no tanto, pero en todas ellas es necesario saber qué nos está contando, como explico en mi libro *Una mirada al alzhéimer y a las enfermedades a través de las constelaciones familiares*. Hablo por experiencia, ya que yo lo sufrí en mi propia piel, lo mismo que mi sistema familiar. En mi caso, las enfermedades graves familiares eran la compensación por una injusticia cometida en anteriores generaciones por un antepasado mío, y que se había mantenido en secreto.

Enfermedades que generan secretos:

- Enfermedades sexuales.
- Enfermedades cutáneas.
- Enfermedades mentales.

En las enfermedades, el clan refleja los secretos, y cuanto más grave sea la enfermedad, mayor acostumbra a ser el secreto oculto en la familia. Sacar estos datos a la luz, descubriendo qué se esconde a nivel familiar, permite que pierda fuerza la enfermedad, pues el clan ya no debe forzar un síntoma físico para que se descubra ese secreto.

La paradoja del secreto es que ocultarlo aumenta la tensión, sacarlo nos libera, acogerlo lo desactiva.

Puedes hacer este pequeño ejercicio para empezar a tomar conciencia de todos los secretos de tu familia:

Cierra los ojos y visualiza detrás de ti, a la izquierda, a tu madre y, a la derecha, a tu padre, y detrás de ellos a tus abuelos, bisabuelos y todo el campo de los ancestros. Visualiza, imagínate pequeñas manchas blancas, que son parte de la historia que no está, que ha desaparecido, como piezas de un puzle que faltan. Observa estas manchas y di: «Yo también formo parte de esta historia», y siente cómo se diluyen. Visualiza así a todas las personas de la familia y acoge todo lo que hay. Damos lugar a todo lo que se mueve nuestro interior. Da las gracias a toda la familia por estar ahí para ti y regresa a un estado de conciencia.

¿CÓMO SE CAMBIAN LOS PATRONES DE LEALTAD FAMILIAR?

Si lees esto, es porque tienes claro que tú, en tu familia, has venido a aportar luz. Los sistemas familiares tienden a *subsanar,* y para el sistema tú eres esa persona.

Así que si queremos cambiar los patrones, debemos aportar conciencia, luz y justicia a nuestros ancestros, y eso pasa necesariamente por el estudio del árbol genealógico de los hechos, las vivencias y las injusticias.

Además, ten en cuenta que todo aquello que tú no resuelves pasa a tus descendientes, ya sean directos o indirectos, así que tenemos esta misión para con ellos. Pero todo lo que resuelves, sana y libera a generaciones pasadas y futuras.

¿CÓMO ME LIBERO DE ESAS CARGAS?

Me imagino que después de leer todo anterior te preguntarás: «¿Se podría evitar?», «¿Puede alguien escapar a la repetición y dirigir libremente su propia historia?».

Ya habrás aprendido que estamos *atados*, sin saberlo, a conductas y comportamientos que nos dificultan ciertos aspectos de nuestra vida, cuyos orígenes permanecen sepultados en silencio en la *sombra inconsciente*. Para evitar la repetición, es necesario *tener conciencia* de nuestra historia familiar. Si el origen del problema, limitación, dolor o enfermedad está cerca de la conciencia, el mero hecho de *visualizar la historia*, es decir, de ubicarla en el árbol genealógico, en su *contexto psicológico, político, económico e histórico* a los largo de los años y darse cuenta de las repeticiones, puede ser suficiente para crear una emoción lo bastante fuerte como para *liberar el peso de las lealtades familiares inconscientes*. Determinados traumas y comportamientos se transmiten de generación en generación para que un individuo *tome consciencia* y pueda desligarse de ellos, y para eso es necesario estudiar el árbol genealógico.

El árbol familiar influye siempre en nosotros y, a su vez, nosotros estamos influyendo en él. Si una persona modifica algo de sí misma, ese cambio también afecta a la totalidad de sus integrantes.

¿QUÉ HACEMOS DESPUÉS CON ELLOS?

Si somos capaces de *transformar* nuestras limitaciones familiares, también cambiará la forma en que entendemos el mundo. En muchas ocasiones, antes de conocer nuestro pasado familiar, nos ocurrían cosas que no sabíamos explicar, situaciones que nos causaban dolor porque no las entendíamos, incluso echábamos la culpa al *destino* de nuestra desgracia, infelicidad, enfermedad y de nuestras carencias o limitaciones. Una vez conocidos estos hechos, no basta con comprender el motivo de un conflicto, sino que tenemos que *sacarlo a la luz*, aceptarlo, dar una salida a la pulsión, al comportamiento repetitivo que nos dificulta la existencia, y entonces podemos transformarlo y crecemos en este proceso.

Todas nuestras *dolencias y limitaciones* portan un mensaje que se puede descubrir para que seamos más libres, recuperemos nuestro bienestar, reconduzcamos nuestro camino y encontremos nuevos objetivos que nos lleven a la felicidad. Todo eso es un regalo que se va transmitiendo de generación en generación para sanar, cuando tomamos consciencia de los problemas de nuestro árbol genealógico.

La fórmula mágica para empezar a hacer cambios es la combinación de los tres elementos: la *aceptación,* la *reparación* y el *aprendizaje* de lo sucedido para evitar, en lo posible, repetir el mismo error en el futuro. En la última parte de este libro, mostrare a través de diferentes ejercicios lo que puedes hacer para empezar a cambiar.

¿QUÉ GENERACIONES ME INFLUYEN?

La primera pregunta que hay que hacerse después de disponer de la información anterior será ésta. Se considera que las generaciones que ocupan los estratos de *tres generaciones más arriba* que la nuestra tienen un peso considerable en la configuración de nuestra psique y en la explicación de nuestros conflictos.

Si estudiamos a nuestros *ocho bisabuelos,* encontraremos pistas sobre las *creencias* que nos limitan la expansión intelectual, las ideas políticas y religiosas, la filosofía de vida, la moral, la ética, la forma de comunicarnos con los demás, etc. En resumen, es nuestra herencia intelectual. Después, pasamos a nuestros *cuatro abuelos,* entre los cuales nuestra abuela materna tiene un papel fundamental. Por último, nos centramos en nuestros *padres y hermanos.*

«Lo que calla la primera generación la segunda lo lleva en el cuerpo».
FRANCOISE DOLTÓ

Las cargas familiares que arrastramos son el residuo del suceso traumático silenciado, que se va transformando y afecta de manera diferente a las generaciones posteriores:

En *la primera generación,* ocurre un hecho que no se puede expresar por diferentes motivos, entre otros, la vergüenza, el horror, la represión, el sufrimiento, etc. Al no poder hablar de ello, la experiencia no se elabora y se mantiene presente psíquicamente en la persona que la ha vivido. El contenido queda encriptado, condenado a convertirse en un secreto, en algo indecible que nunca debe ser revelado y de lo que no se puede hablar debido al dolor y la culpa que causaría.

En *la segunda generación*, el secreto no puede ser objeto de representación verbal. El suceso se vuelve innombrable, ya que su portador tiene un conocimiento intuitivo de su existencia, pero ignora el contenido. Se podría hablar de una «herencia sin testamento», un legado recibido silenciado.

Por último, en *la tercera generación*, se convierte en algo que existe pero es inaccesible a la conciencia; nadie se lo puede imaginar. Puesto que los ascendientes no han nombrado dichas experiencias traumáticas ni sus consecuencias emocionales, éstas no pueden ser objeto de ninguna representación verbal en los descendientes.

Lo silenciado, que, como hemos observado, tiene un papel fundamental en la transmisión, está constituido por palabras y situaciones que no se puede decir que se transmitan por gestos, alusiones, dichos a medias, no dichos o murmullos. Además, alberga los sentimientos, las emociones y los afectos que se han reprimido y están ligados al padecimiento de aquella difícil experiencia. La persona se ve obligada a modificar su discurso para evitar las palabras que la llevarían o la acercarían a romper el silencio, y esto hace que cree un discurso incongruente y que esté todo el tiempo en estado de alerta para no cometer el error de desvelarlo.

¿DÓNDE CONSIGO LA INFORMACIÓN?

En primer lugar, necesitas obtener información lo más detallada posible de tu familia. Cuanta más información y más clara sea, más fácil te resultará saber en qué aspectos te tienes que enfocar para ver cómo le afecta la fidelidad a tu sistema familiar. Una vez tengas todos estos datos, podrás ver hacia dónde buscar y dónde poner tu foco.

Es posible te cueste acceder a la información o a los datos necesarios, porque resulte difícil profundizar en la vida de alguno de tus ancestros. En estos casos, debes recordar que el inconsciente del clan se encarga de que la información no se pierda, y podemos acceder a ella mediante diferentes técnicas, como son las constelaciones familiares, la hipnosis, las inducciones…

A continuación, muestro unas cuantas claves que te pueden proporcionar pistas sobre dónde buscar la información familiar. Puedes, en un primer momento, recopilar todos los datos posibles de tus parientes más cercanos: padres, tíos y abuelos, si aún viven. Otra fuente de información son los registros civiles y los archivos parroquiales de las ciudades en las que nacieron, fueron bautizados, se casaron y murieron.

Más adelante, mostraré la ficha que utilizo en mis sesiones, aunque también puedes elaborar una tú mismo por cada familiar y anotar la fecha de nacimiento y la hora, si es posible, los nombres de sus padres, el lugar de nacimiento, la fecha de boda, la fecha, el lugar y la causa de muerte, así como los demás hechos relevantes que hayan ocurrido en sus vidas, como he mencionado en el libro. Todos estos datos pueden ser de utilidad para el estudio de tu árbol genealógico.

Sobre todo no te desanimes si no encuentras ciertos datos; no te estanques, prosigue con los datos que ya tienes y el resto irá apareciendo poco a poco a lo largo del tiempo. En determinadas ocasiones, al principio sólo aparecen unos pocos datos para, más tarde, ir surgiendo más, como ocurrió en mi caso y en muchos más que conozco gracias a mis pacientes. Recuerda que la información intenta salir a la luz.

SANAR TU ÁRBOL GENEALÓGICO

Pasos a seguir

A continuación, mostraré unos sencillos pasos que te permitirán construir tu historia familiar. Te aconsejo que te tomes tu tiempo y que, poco a poco, del mismo modo que si se tratara de un puzle, la vayas construyendo. A mis alumnos siempre les repito la frase de que un elefante se come en pequeños trozos para no empacharse.

1. Centrar el tema

Tenemos que tener claro qué es lo que queremos sanar o investigar en nosotros mismos, y, a partir de ahí (por ejemplo, querer liberarnos de un dolor o de un patrón repetitivo en nuestras vidas), debemos empezar a buscar datos acerca de nuestros orígenes familiares. Para romper un patrón debemos conocer su origen, su causa y por qué se genera.

El árbol genealógico siempre empieza por uno mismo, aunque en algún momento es posible que intentes saltarte este proceso de búsqueda personal, con la excusa de que ya sabes quién eres y que tienes todo claro acerca de ti mismo. Esto es un error, ya que nunca sabemos lo suficiente, y no es más que una excusa para no salir de tu zona de confort.

Te habrás justificado diciendo que tienes muchos o algunos patrones positivos, y eso es verdad. Estos patrones se van a mantener, ya que al no resultar una molestia, no van a interferir en tu vida, sino todo lo contrario, van a hacerla aún más agradable. Siempre la búsqueda va a surgir a partir de un síntoma, de alguna conducta o patrón que quieres cambiar, algo que te resulte molesto en el momento actual, ya sea al nivel que sea y en el área de tu vida que sea, tanto personal como de salud, en cuanto a relaciones, miedos o emociones dolorosas, así como relacionados con el ámbito profesional. Ante cualquier síntoma que se manifieste, siempre hay una búsqueda que realizar y afrontar.

Partiendo de esta situación inicial, del tema que te ha llevado a buscar respuestas, averiguarás qué situaciones parecidas pueden haber vivido tus ancestros, aunque no siempre van a ser situaciones idénticas; pueden tener matices parecidos, aunque también ser por completo distintas.

Centrar el tema te proporciona el enfoque para contemplar tu árbol. Así, dependiendo de lo que busques, pondrás más atención en cómo fluye el amor en tu sistema familiar, la pareja, la salud, el desarrollo profesional, la prosperidad y otros aspectos.

Hazte las siguientes preguntas para centrar el tema:

- ¿Qué se repite constantemente en mi vida que me produce dolor y sufrimiento?
- ¿Qué área o aspecto de mi vida no funciona?
- ¿Qué quiero cambiar en mi vida para poder sentirme bien?
- Cuándo me digo a mí mismo esta frase: «Siempre me ocurre lo mismo», ¿qué me respondo?
- ¿Qué me impide ser feliz en la vida?

Responder a estas preguntas te ayudará a saber cuál es el aspecto más importante de tu vida que quieres cambiar, y, desde esa perspectiva, observas tu árbol genealógico. Por ejemplo, si lo que quieres ver es un tema relacionado con el amor de pareja, porque te han abandonado en repetidas ocasiones, cuando busques información, pregunta y observa en tu árbol cómo fueron y qué sucedió en las parejas de tus antepasados, empezando por tus padres. Tu observación y preguntas al árbol siempre irían enfocadas al área que quieres investigar, aunque, posteriormente, su liberación también repercuta en todas las demás áreas de tu vida.

Algunas ideas de preguntas relacionadas con el ejemplo anterior serían las siguientes:

- ¿Cómo era el amor entre tus padres y abuelos?
- ¿Quién abandonó a quién y por qué?
- ¿Cuándo ocurrió?
- ¿Qué ocurrió y qué consecuencias tuvo este hecho en el sistema?
- ¿Qué cambió después del abandono?

Despierta tu mente curiosa y de investigación para lograr ver los patrones repetitivos de limitación, dolor y sufrimiento, y así empezar a dar un paso en tu proceso de liberación.

Durante generaciones hemos heredado patrones sociales, mentales y emocionales que ya no nos sirven y que nos están limitando; si miramos hacia atrás desde el corazón, podremos ver y reconocer dónde se originó el problema que no nos permite avanzar en la vida, y así poder liberarnos. ¡Ahora es el momento de empezar! No esperes a mañana.

2. Buscar información

Lo que le damos al árbol nos lo estamos dando a nosotros mismos.

Toma papel y bolígrafo o trabaja en tu ordenador

Comencemos con lo más sencillo y cercano de nuestros árboles: tus recuerdos, tus hermanos, tus padres, tus abuelos y tus bisabuelos. Normalmente, para iniciar la búsqueda, yo me centro mucho en los padres y los abuelos, tanto maternos como paternos, ya que es más fácil conseguir esta información, y así me voy animando y motivando más. A continuación, busco datos sobre los bisabuelos. Yo trabajo de este modo tanto a nivel personal como en terapia.

Anota todo lo que conozcas de tus antepasados: fechas, lugares, circunstancias de todo tipo (sus trabajos, relaciones sentimentales, hechos ocurridos, parejas, etc.). Apunta tanto de los datos que sepas con certeza como los dudosos, que señalarás con interrogantes para intentar confirmarlos más tarde, si fuera posible.

Más adelante muestro la plantilla que utilizo y que me resulta muy práctica para organizar esta información, pero lo cierto es que existen muchas maneras diferentes de trabajar. Mi consejo es que uses aquella que te resulte más clara y fácil de entender e interpretar.

Consulta a tus familiares

Lo más fácil es empezar por los familiares que viven contigo, ya que ellos son los primeros a quienes puedes empezar a entrevistar. Algunos te dirán que no les interesa el tema, incluso que es una auténtica pérdida de tiempo, que el pasado debe dejarse atrás y no removerlo, que simplemente la vida debe continuar enterrando el pasado. Si es así, debes respetarlos. Ésa es su opinión, aunque no la tuya. Otros, sin embargo, estarán encantados de colaborar contigo. Debes tener cuidado a la hora de evocar sentimientos demasiado intensos, ya que sólo conseguirán que tu familiar se cierre al diálogo. Tampoco debes llevar a cabo tu entrevista como si se tratara de una indagación y un interrogatorio forzoso, ni adoptar una actitud culpabilizadora. Es bueno empezar por aquellos familiares que estén más dispuestos a hablar, y respetar a aquellos que, por los motivos que sea, no quieren remover el pasado. Hay que tener en cuenta que no todo el mundo está preparado para ello. Si te empeñas en hacerlo, habrás perdido el objetivo de tu búsqueda, que es sanar, y lo que habrás logrado es reactivar el dolor. Piensa que cuanto más se protege una persona, más dolor hay en su interior. Sé compasivo y prosigue con los familiares que estén más abiertos al diálogo.

También puedes usar tú móvil para grabar la conversación. De esta manera evitaremos el perder fragmentos de la historia que puedan ser muy importantes, o hacer interpretaciones erróneas. Lo más destacado es que anotes todos los datos que te puedan ir aportando sobre tus familiares, incluidos aquellos que, en un primer momento, pudieran parecer poco valiosos.

En todas las familias hay alguien especialmente dispuesto a hablar y recordar sucesos y nombres. Tal vez sea también quien guarde más documentos de todo tipo. Siempre serán los más dispuestos a colaborar, y eso es lo más importante. Agradécele a esa persona la valiosa información que te ha proporcionado y muéstrale la importancia que tiene para ti. Esto es una manera de dignificarlo, ya que a todos nos gusta ser escuchados.

Revisa los viejos álbumes de fotografías y cualquier documento antiguo

Las fotografías nos ayudan a recordar hechos olvidados y a situarlos en el tiempo. Así, al mirarlas, recordaremos personajes de la familia que habíamos olvidado. Muchas veces permiten conocer las diferentes edades, los lugares, los acontecimientos, la ropa, los uniformes, los trabajos, el ambiente social y económico, etc., y, lo más importante, también deja vislumbrar los estados emocionales de cada personaje que aparece en la fotografía, incluidos los tuyos. Observa cada instantánea como si fuese la primera vez, y asómbrate de la cantidad de nueva información que puede ofrecerte. Y, por supuesto, revisa los documentos que puedas encontrar, como, por ejemplo, las cartas (antes era bastante habitual escribirlas), ya que contienen mucha información.

Pregunta a cualquier amigo de la familia

En algunas ocasiones, he encontrado información muy valiosa gracias a un encuentro casual con algunos amigos de mis padres, que me han aportado mucha claridad y entendimiento al hacer algún comentario espontáneo sobre acontecimientos, hechos o sucesos de mi infancia que tenía guardados en el baúl de los recuerdos.

Si sigues manteniendo contacto con ellos, puedes concertar una cita para que respondan a las preguntas que te gustaría hacerles; siempre será una nueva visión de una situación. Es interesante escuchar. Te puede sorprender incluso lo que te puede contar el mas cotilla de tus vecinos de la infancia.

Visita los lugares de tu infancia

Hoy en día, la vida lleva un ritmo acelerado y es posible que hayas cambiado varias veces de domicilio e incluso de ciudad. Te propongo que te tomes tiempo para visitar los lugares de tu infancia, tu antiguo domicilio, tu barrio, los comercios, el colegio, la ciudad, e incluso el lugar donde pasabas las vacaciones con tu familia cuando eras pequeño. Puede que acudan a ti recuerdos, o tal vez sólo sensaciones. Permite que todo fluya, cualquier nueva información que pueda surgir será muy valiosa.

Reúnete con excompañeros del colegio

Actualmente, y cada vez más, en algunos colegios y universidades existen reuniones de exalumnos. Anímate a acudir a alguna de ellas. Puede resultar muy divertido si les preguntas cómo te recuerdan ellos y qué tipo de niño/niña eras. Pregúntales cuáles eran tus virtudes, tus miedos, tus manías, es decir, cómo te veían ellos en el pasado. También esto te dará una perspectiva de la evolución de tu persona a lo largo del tiempo, y podrás percibir todas las cosas que has ido sanado.

Recopila datos

Utiliza Internet para acceder a los registros públicos, los registros civiles, el censo, las esquelas, los recortes de prensa, las fuentes eclesiásticas, etc., ya que pueden resultar de ayuda para saber con exactitud fechas, nombres completos y datos de tus antepasados. Actualmente existen en Internet páginas especializadas en estas búsquedas. Una buscadora experta y gran profesional en estos temas, entre otras muchas cosas, es Mireia Nieto, de tataranietos.com.

3. Hacer el árbol familiar

A continuación, mostraré diferentes herramientas para empezar a trabajar y a desarrollar tu árbol genealógico. Todas son muy validas, empezando por el dibujo familiar, aquel dibujo que, con seguridad, algún día habrás realizado en el colegio, pasando por diferentes fichas psicogenealógicas. Prueba la que más te guste y a la que puedas sacar mayor partido por la información que te puede aportar.

DIBUJO FAMILIAR

Es la manera más sencilla de obtener información. En mi consulta, en los primeros años, siempre lo usaba para conseguir una información muy valiosa de la persona. Es muy útil incluso si desconoces la terapia sistémica. En el dibujo familiar puedes usar mucho el sentido común.

Empieza dibujando a tu familia de la manera que desees; no es necesario que seas un gran dibujante, aunque la mayor parte de la gente se preocupa por esto. Dibujar es un don que todos tenemos, recuerda cuando eras un niño, o simplemente obsérvalos a ellos. Un simple garabato es útil y proporciona información. Seguro que en la escuela te lo propusieron unas cuantas veces, incluso puede que tengas alguno que has realizado en el pasado. Sería interesante recuperarlo.

Escoge lápices de colores, rotuladores y una hoja de papel, aunque con un simple bolígrafo o un lápiz es suficiente. Elige un lugar cómodo y tranquilo y empieza. Es importante que te concentres y pienses en tu familia. Confía en tu intuición, ya que ella te guiará. Empieza a dibujar. No pienses demasiado y sé espontáneo, fluye.

Si estás con otro familiar haciendo el dibujo, cuando lo veas más tarde, serás consciente de que cada uno lo hará a su manera. Y si hay más de dos miembros del mismo clan familiar, puede ser muy divertido hacerlo y después comentarlo. Te darás cuenta de que la manera de ver a la familia y los recuerdos ante un acontecimiento familiar es diferente para cada uno de vosotros, a veces incluso contradictoria. Háblalo, comparte y tendrás la capacidad de ponerte en el lugar del otro. Cuando tengas el dibujo, centra tu atención en el tamaño y el orden en el que se has pintado a los personajes, las distancias entre ellos, la omisión de alguna de las figuras (padre, madre, tú mismo, etc.), los elementos ajenos a la familia, como animales u objetos.

Como guía, responde a las siguientes preguntas:

- ¿Qué ves?
- ¿A quién ves?
- ¿A quién no ves?
- ¿Has excluido a alguien?
- ¿Tú estás incluido en el dibujo?
- ¿Dónde estáis?
- ¿Qué ocurre?
- ¿Quién es cada personaje: padre, madre, hermano…?
- ¿En qué posición esta cada uno?
- ¿El orden es correcto?
- ¿Estás en tu lugar?
- ¿Están todos en línea o hay alguien un poco más atrás?
- ¿A quién has dibujado más grande y a quien más pequeño?
- ¿Qué colores has empleado para cada uno?
- ¿Qué sensación te transmite ese dibujo?
- ¿Cuál es el más bueno? ¿Cuál es el menos bueno?
- ¿Hay algún objeto llamativo en el dibujo?
- ¿Hay algo que te gustaría cambiar?
- ¿Con cuál de ellos te lo pasas mejor?
- ¿Con quién te gusta menos estar?
- ¿Cuál de ellos está más triste? ¿Por qué?
- En el dibujo, ¿qué tamaño tiene cada uno? ¿Has dibujado más grandes a los hijos que a los padres?
- ¿En qué parte del papel has hecho el dibujo? ¿En la parte superior (fantasía), en el centro (equilibrio emocional) o en la parte inferior (disciplina)?

Contesta a estas preguntas y encontrarás información que te puede sorprender. Puedes guardar el dibujo y, cuando hayan transcurrido unas semanas, volver a verlo. ¿Qué te parece ahora? ¿Ha cambiado algo en tu relación con tu familia?

También puedes preguntarle a alguien, un familiar o un amigo, para que te diga lo primero que percibe o siente al ver el dibujo. Simplemente recopila esa información y reflexiona acerca de lo que te han dicho.

¿Qué puedes aprender de la información que te han proporcionado? ¿Hay algo que te cueste más aceptar? ¿Qué información te han dado que no eras capaz de ver y que te ha sorprendido? Si la integras, ¿que cambia en ti?

Practico mucho este ejercicio en mis cursos con las personas que asisten a él cuando casi ni se conocen. Es asombrosa la cantidad de información que se obtiene.

FICHA PSICOGENEALÓGICA

A continuación, muestro un gráfico que utilizo en mi consulta para incorporar toda la información. Es sencillo y fácil de utilizar. A mí, personalmente, es el que me aporta mayor claridad. Sin embargo, cualquier gráfico resulta válidos tanto es así que incluso puedes inventarte el tuyo propio.

Bisabuelo paterno	Bisabuela paterna	Bisabuelo paterno	Bisabuela paterna	Bisabuelo materno	Bisabuela materna	Bisabuelo materno	Bisabuela materna
_/_hermanos	_/_hermanos	_/_hermanos	_/_hermanos	_/_hermanos	_/_hermanos	_/_hermanos	_/_hermanos

Abuelo paterno	Abuela paterna	Abuelo materno	Abuela materno
_/_hermanos	_/_hermanos	_/_hermanos	_/_hermanos

MI PADRE	MI MADRE
_/_hermanos	_/_hermanos

YO
_/_hermanos

Hay que ubicar los datos de nuestra investigación en un papel en cuatro niveles:

En la *parte inferior, hay que situar a los hermanos*. El mayor *debe estar a la izquierda, y así sucesivamente, ordenados por edades,* hasta llegar a la derecha. Tú debes situarte en el lugar que te corresponde. ¿Qué lugar ocupas entre tus hermanos?

Todos los problemas con los hermanos pueden desembocar en dificultades con el dinero, las posesiones o el territorio. Recordemos que los problemas con no resueltos con los hermanos, de adultos se trasladan a la pareja, los amigos, los compañeros y los vecinos.

Cada lugar tiene unas características únicas y especiales.

El hijo único. En este caso, todo el espacio es para ti. Aunque también lo son todos los proyectos, los deseos y las frustraciones que tus padres tenían para sus hijos. Puede que en la vida te cueste entender el concepto de jerarquía y compartir. No es así en tonos los casos, ya que algunos hijos únicos reciben muchas exigencias, mientras que, en cambio, otros son muy consentidos.

El segundo hijo. Cuando el mayor es un niño o una niña, es posible que la familia estuviera esperando un hijo de sexo diferente. Por lo general, el que nace el segundo acepta bien los papeles secundarios y desarrolla sus dones para intentar alcanzar los privilegios del primogénito.

Si el primer hijo es un niño y la segunda una niña, es posible que al primero se le cargue con la responsabilidad de cuidar a la niña.

El centro. Puede que repitas cosas de los mayores y de los pequeños. Digamos que si nacen dos o varios hijos muy seguidos, de manera inconsciente la familia los trata como si fueran uno solo.

El pequeño de los hermanos. Normalmente no quieren que crezcas, y te ubican en una adolescencia perpetua. Suele ser el que se asemeja a uno de sus padres. Puede mantener una fantasía de juventud eterna, que le lleve en la edad adulta a no asumir algunas responsabilidades.

Si tienes un hermano que es nueve años mayor que tú, en realidad éste actúa más como un padre o una madre para ti, sobre todo si los padres están ausentes emocionalmente. Los padres, de manera consciente o inconsciente, delegan la autoridad y consienten que pueda haber abusos en diferentes niveles, o cargan sobre los hermanos mayores.

Existe una relación directa entre número de años que se llevan los hermanos y el derecho a ocupar el territorio. Muchas veces la vida es una verdadera lucha por encontrar tu lugar.

Sería bueno que hablaras con tus hermanos sobre los recuerdos que tienen. Advertirás cómo su percepción de la realidad puede ser muy diferente de la tuya y que, además, pueden conocer asuntos inesperados.

Linaje masculino y linaje femenino

En el segundo nivel, por encima de nuestros hermanos, la mitad derecha corresponde al linaje paterno (el padre y sus ancestros) y la mitad izquierda está destinada al linaje femenino (la madre y sus ancestros). En los matrimonios o parejas, el hombre siempre se representa en la izquierda y la mujer, en la derecha, por un simple tema energético, de energía masculina y femenina, yin y yang.

Antiguamente, en la Edad Media, el hombre protegía a la mujer con el brazo izquierdo, mientras que tenía el brazo derecho libre para poder coger la espada en caso de que existiera algún peligro exterior. Ése es el motivo ancestral por el cual la mujer está situada a la izquierda del hombre. No obstante, en la sociedad actual las cosas han cambiado y este orden se puede alterar.

Pregúntate lo siguiente: ¿de qué parte tienes más información? Con frecuencia, solemos tener más datos de la parte que más ha influido en nuestra educación y formación. Es muy difícil que los dos linajes estén equilibrados.

Pon especial interés en aquella parte de tu árbol familiar que más desconozcas, ya que es de allí de donde aprenderás más al integrarla. Sigue buscando más información y continuarás sorprendiéndote.

El padre

El padre es nuestra conexión más inmediata con *el mundo real, lo material, lo práctico, lo que podemos tocar*. El padre es acción, determinación, voluntad, poder y reconocimiento. Del padre nos llegan los talentos, el trabajo, los estudios, la fuerza para situarnos a nivel laboral y alcanzar el éxito. El padre nos conduce a la vida social y laboral. Cuando tenemos problemas para reconocer nuestro valor o nos cuesta empoderarnos para asumir las riendas de nuestra vida hacia el éxito, debemos reconciliarnos con nuestro padre. Él representa el mundo. Aceptar al padre es abrir la puerta de salida al mundo. Es el antepasado que rige nuestra relación con la profesión, los estudios, el rumbo que tomemos, nuestras acciones. El padre otorga libertad, identidad y autonomía psíquica para individualizarnos y realizarnos como personas. Su energía ayuda a poner límites con firmeza y determinación en todos los ámbitos de la vida.

Un padre fuerte es aquel que se sostiene por sí mismo en la vida y sabe ofrecer a sus hijos la capacidad de salir adelante en medio de las dificultades, reforzando su energía personal y su autoestima. Pero no podemos olvidar que venimos de unos padres traumatizados por sus propios padres, los cuales no disponían de la inteligencia emocional necesaria y, a la vez, eran víctimas del momento histórico que les tocó vivir y, a la vez, de sus propios padres.

Si adviertes que alguna de estas áreas de tu vida está estancada, conversa con tu padre, ya esté vivo o no, lo hayas conocido o tan apenas lo recuerdes, lo tengas enfrente o a cierta distancia. Deja que tu alma converse con la suya. El padre, como energía masculina, representa la capacidad de dar un paso adelante, el valor y superación de las dificultades, aquello que nos da el impulso necesario para tener éxito en la vida.

Aunque seas mujer, esto también es importante para ti, ya que dentro de cada ser humano, hay energía masculina y energía femenina que se complementan. Es el yin y yang. Para los hombres, la figura del padre es fundamental porque de ahí toman la fuerza masculina.

Repasa tu relación con él y acepta el misterio de que, gracias a ese hombre, tú eres y te has convertido en lo que eres ahora. Agradece esa bendición y atrévete a romper si existe el patrón que te está limitando en tu relación con él. Nuestro padre es sólo un hombre con sus circunstancias. Entender esto nos evita repetir lo que negamos de él, como he visto muchas veces en mi consulta. Recibe a tu padre en tu corazón, siente su presencia protectora y avanza con paso firme con el sentimiento de no estar solo. Cuando tu corazón esté lleno de la presencia de la energía de tu padre, será evidente en tu vida. Si tienes fuerza para sacar adelante tus proyectos, en especial en el mundo material, y si estás en armonía con la energía masculina, con independencia de cuál sea tu sexo, entonces habrás sanado tu relación con él.

Si tu padre, y esto también es válido para tu madre, actuó como actuó, se debió al nivel de consciencia en el que estaba, y probablemente haya sido víctima de víctima. Víctimas en su sistema familiar, así que deja de juzgarlos, de excluirlos, para darles un lugar muy especial en tu corazón.

Si estás preparado, puedes repetir esta frase: «Hoy reconozco, acepto, reconcilio e integro en mí la energía masculina de mi padre y la energía femenina de mi madre, sin juzgarlos, entendiendo que cada uno de ellos hizo su mayor esfuerzo según el nivel de consciencia en el que estaba. Y así, con infinito amor y gratitud, tomo la única vida que tengo y me hago cargo de mí mismo. Ahora crezco y, en honor a vosotros, soy feliz».

La madre

La madre nos conecta con *la vida*. Aceptar a la madre es el camino al éxito en la vida. El éxito y la abundancia tienen el rostro de la madre. Según sea nuestra relación con nuestra madre, así será la relación que mantengamos con la abundancia, ya que el principio femenino se manifiesta en todo aquello que es receptivo.

La relación con la madre es la más significativa de nuestra vida, la base sobre la que se construyen todas las demás relaciones. Con la madre fuimos uno cuando estuvimos en su vientre, y luego seguimos íntimamente unidos a ella durante la lactancia. El vínculo con la madre es fundamental para la supervivencia. La mujer es la receptividad, representa una energía poderosa, capaz de dar vida, de inspirar y de crear.

Ahora bien, las madres tienen también sus propias heridas y carencias de infancia, sus condicionamientos y limitaciones, sus dificultades para amar de manera incondicional y sostener a un hijo si ella misma no ha aprendido a sustentarse, a amarse, a respetarse y a valorarse. Muchas abuelas maternas (y ya he comentado lo importantes que son) tienen heridas provocadas por haber vivido *la guerra*, trauma que afecta a tu madre en su manera de amar y de ser, y que más tarde se transmite de generación en generación, hasta llegar a ti. Las consecuencias de una guerra, un conflicto grave o una emigración hacen que muchas veces el hombre se vea forzado a abandonar su hogar, mientras que la mujer se queda al cuidado de la familia con una gran carga, y es posible que con graves sufrimientos y una sensación de temor y soledad, puesto que muchos de estos hombres jamás regresarán a sus casas. Pero si el hombre vuelve a su hogar, tiene que enfrentarse a una nueva situación. En algunas ocasiones tiene que soportar el reproche de su mujer por el abandono, así como las penurias, el sufrimiento y las limitaciones que, en soledad, ha tenido que pasar. A veces no se tiene en cuenta el precio y la renuncia del hombre al emigrar o irse a la guerra. En el caso de que el hombre muera y no regrese, puede que la mujer sienta una rabia inconsciente hacia él por el hecho de tener que seguir luchando sola y haber dejado huérfana a la familia, y mantendrá un sentimiento profundo de abandono.

Estas mujeres sienten una rabia y un rechazo silenciosos e inconscientes hacia lo masculino, que se puede acentuar si el hombre en la emigración ha creado una doble familia. Este dolor silencioso de la mujer se hereda a través de las generaciones, y puede hacer que muchos hijos tengan dificultades para llegar a sus madres.

También es importante ver la relación que tenían con sus propios padres en una época donde lo que reinaba era el patriarcado, donde casi ningún padre expresaba afecto a sus hijos, e incluso tenía el derecho de maltratarlos.

Si hay una *herida* con la madre, ésta se va a manifestar en un futuro en gran medida con nuestra capacidad de amar, de confiar, de relajarnos y de permitir que otras personas se aproximen a nosotros. Ya se han comentado las consecuencias del movimiento interrumpido hacia la madre. Todos albergamos en nuestro interior a un *niño herido* que no fue amado incondicionalmente, que necesitó protegerse del dolor, de la soledad y del rechazo por ser demasiado vulnerable. Congelamos muchos de nuestros sentimientos y nos construimos una armadura defensiva para no sentir que no éramos amados como necesitábamos. Para sanar esa herida es necesario tomar contacto con nuestro *niño interior,* ver dónde y de qué maneras fue herido, y localizar ese dolor física, sentimental y emocionalmente para liberar la energía bloqueada y así podernos reconciliar con nuestra madre, desde la comprensión de su propio dolor y el nuestro.

«Quien no toma a su madre no puede amarse a sí mismo y no toma la vida».

BERT HELLINGER

Existe un caso particular de herida materna que se relaciona con la muerte de una mujer en el momento del parto. Este golpe energético puede ocurrir en tu propio nacimiento o antes, en tu árbol genealógico. En todo caso, representa un dolor generacional muy intenso, que repercute en diversas personas a lo largo de los años y de manera particular entre los hombres, por la culpa que siente la pareja por la muerte de su mujer, ya que el hombre se ve y se siente como agresor. Si tu madre murió cuando naciste, esto te afectará hasta que tomes conciencia y te liberes, ya seas hombre o mujer.

Hazte estas preguntas con respecto tanto a tu madre como a tu padre:
- ¿Qué sabes de su infancia?

- ¿A qué se dedicaba?
- ¿Qué enfermedades padeció?
- ¿Cuál fue el mayor desafío al que tuvo que enfrentarse durante su vida?
- ¿Cuáles fueron sus anhelos y sueños rotos?
- ¿Qué tipo de madre has tenido?
- ¿Cómo era ella de joven, cuando tú eras un niño?
- ¿Cómo era tu relación con ella?
- ¿Cómo es ella hoy en día?
- ¿Qué le reclamas a día de hoy?
- ¿Qué consecuencias crees que tiene tu relación con tu madre en tu vida actual?
- ¿En que nos parecemos?
- ¿Consideras a tu madre una madre tóxica o una madre nutritiva?

Tal vez descubras que tu madre es una perfecta desconocida y decidas ponerte manos a la obra y buscar más información. El primer logro que tiene el ser humano es haber nacido, y esto siempre se debe a la madre.

Para las mujeres, la madre es especialmente importante porque de ella toman la fuerza femenina. Cuando tomamos a nuestra madre como la fuente de nuestra vida, con todo lo que nos llegue a través de ella, tomamos nuestra propia existencia.

Busca información acerca de las siguientes cuestiones de la relación de tus padres:

- Entendimiento entre tus padres respecto a las ideas, las creencias, la moralidad, la ética y la filosofía de vida.
- Comunicación entre ellos. Capacidad de escucha y comprensión.
- Relación emocional entre ellos: expresiones de cariño, palabras de amor, acompañamiento, caricias, apoyo incondicional.
- Entendimiento sexual entre tus padres, satisfacción, deseos compatibles.
- Libertad creativa, apertura a la expansión del otro, respeto mutuo o falta de él.

- Grado en que compartían pacíficamente el territorio y el tiempo común.
- Cómo se cuidaban y dejaban cuidarse el uno al otro.
- Cómo era la gestión de los bienes materiales y del dinero.
- Edad a las que se casaron nuestros padres y a la que concibieron a los hijos. Edad que tenían cuando tú naciste.

Puedes plantearte muchísimas preguntas, éstas son sólo una muestra. Una vez encontrada esta información, examina tu vida actual y comprueba las similitudes entre tu vida y la de ellos, así como si hay algo con lo que estés cargando que creas que tiene su origen en ellos.

Puedes hacer el siguiente ejercicio de *activación interior de tus padres amorosos*. Conviértete en tus padres amorosos desde el adulto que ahora eres. Cultiva las cualidades del padre y de la madre que son ideales para ti (las que ya se han mencionado de la madre y el padre). Esto significa empezar a tratarte de la misma forma que lo harían unos padres amorosos, cariñosos y comprensivos. Mamá representa el amor, el cariño, la ternura y la protección: tendrás que empezar a cultivar esas cualidades en tu persona para poder refugiarte y apoyarte en tu *madre amorosa interna* cuando lo necesites.

El padre representa el orden, la disciplina y el impulso. Tendrás que cultivar estas cualidades del *padre amoroso interno* para dirigirte con paso firme en la vida y no sentir que abusan de ti.

También es verdad que un *apego excesivo al padre o a la madre* genera problemas de infantilismo y falta de energía para crecer. Por otra parte, tanto si eres hombre, y estás demasiado apegado a tu madre, como mujer, y estás demasiado apegada a tu padre, tendrás problemas a la hora de encontrar pareja.

Contesta a las siguientes preguntas para descubrir tu apego a ellos:

- Si eres hombre, ¿rivalizas con tu padre y sigues arrastrando el complejo de Edipo, de niño enamorado de su madre y que rivaliza con su padre?

- Si eres mujer, ¿eres la niña enamorada de tu padre y que rivaliza con su madre, arrastrando el síndrome de Electra?
- ¿Buscas a tu padre o a tu madre en tus relaciones de pareja?
- ¿Intentas evitar repetir patrones? ¿No te comprometes en una relación de pareja?

Casi todo en el árbol es fruto de la repetición. Cuando se deja de repetir, significa que se avanza. Las lealtades y fidelidades, como se ha comentado, con tus propios padres hacen que los hijos repitamos sus guiones de vida una y otra vez.

Nuestros abuelos

En el tercer nivel están nuestros abuelos maternos, a la izquierda, y nuestros abuelos paternos, a la derecha. Las experiencias de nuestras abuelas dejan una marca en nuestros genes, ya que en cierta manera, como óvulo, hemos vivido en su vientre compartiendo parte de sus experiencias.

Puedes plantearle a tus abuelos las mismas preguntas que a tus padres si están vivos; de lo contrario, pide información acerca de ellos.

- ¿Qué sabes de ellos y de sus vidas?
- ¿Conociste a tus abuelos?
- ¿Cuándo nacieron y dónde?
- ¿En qué lugar vivieron?
- ¿En qué trabajaron?
- ¿Qué recuerdas de ellos?
- ¿Cómo fue su infancia?
- ¿Qué enfermedades padecieron?
- ¿A qué se dedicaron?
- ¿Cómo era la relación de tus padres con sus padres?
- ¿Fueron igual como padres que como abuelos?
- Si lo hicieron, ¿en qué cambiaron?

• ¿Vivieron guerras, emigraciones, escaseces económicas, dramas, infidelidades, abusos, maltrato?

De nuevo, reflexiona sobre los acontecimientos y los hechos que se repiten. Te asombrarán las similitudes que existen, porque, en muchos casos, hechos que han ocurrido en la vida de los abuelos se ocultan en la generación siguiente, la de tus padres, y aparecen de nuevo en la posterior, es decir, en la tuya.

Bisabuelos paternos y maternos

En el cuarto nivel se encuentran nuestros ocho bisabuelos, y debemos hacernos exactamente las mismas preguntas que con los abuelos. En la mayoría de las ocasiones es mas difícil obtener esta información. Si no la consigues, continúa con la que ya tienes. Si no la encuentras, recuerda que una constelación familiar sacará a la luz datos que desconoces. Acuérdate de que existe un inconsciente colectivo familiar.

OTRA MANERA DE REALIZAR TU ÁRBOL

A continuación, muestro otra manera diferente de hacer tu árbol genealógico. De este modo comprobarás cuál es la forma con la que más vibras y resulta mejor para ti.

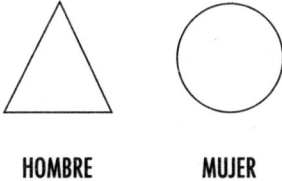

HOMBRE   **MUJER**

Todas las formas son igualmente eficaces, sólo trata de saber en cuál te sientes mas cómodo. En la forma que se representa, el hombre aparece a modo de triángulo y la mujer con un círculo.

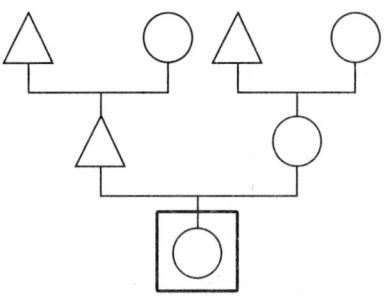

El consultante. Si es hombre, se representa con un cuadrado, y si es mujer, con un círculo en el centro de la imagen.

 HOMBRES

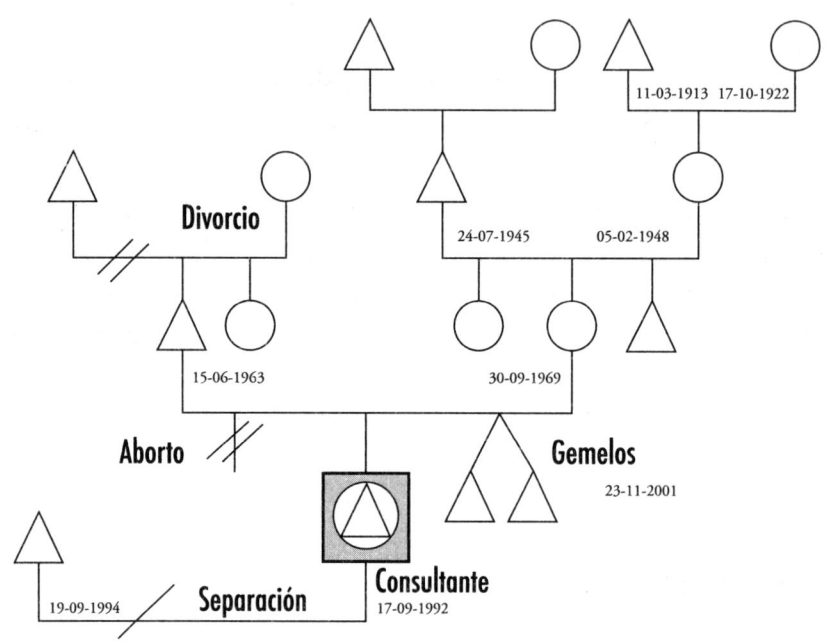 MUJERES

Éstas son las representaciones:

Hombre: se representa mediante un triángulo.

Mujer: se representa con un círculo.

Tú o la persona de la que se parte para hacer el árbol: el círculo o el triángulo se rodea con un cuadrado.

Hijos: se colocan sobre la línea que une a los padres y se representan de izquierda a derecha de mayor a menor, es decir, por orden de llegada al sistema familiar, incluyendo los abortos y su posición entre los hijos.

Abortos: se representan colgando de la línea que une a los padres mediante una flecha y dos líneas perpendiculares que la cruzan.

Gemelos: se colocan colgando de la línea de los padres partiendo del mismo sitio y bifurcándose.

Matrimonio: aparecen con una doble línea continua entre los dos integrantes.

Divorcio: se muestra con dos líneas perpendiculares a las que unen a la pareja casada.

Parejas solteras: se unen mediante línea simple.

Fechas de nacimiento y defunción: las escribimos junto a cada persona.

Esta representación es muy visual, ya que con una simple mirada se tiene una visión clara del sistema familiar. También tiene en cuenta las fechas familiares. Para algunas personas, la primera manera es la más cómoda y, sin embargo, para otras es la segunda. Sólo es cuestión de gustos.

¿Cuál prefieres? Prueba las dos y después elige, aunque es posible que ya lo tengas claro desde el principio.

Reuniones familiares

Como ya se ha comentado, reúne a tus familiares de una manera informal, como para compartir algo espontáneo y divertido. Explícales que quieres saber más cosas de la historia familiar, que es importante para ti conocer tus raíces, que necesitas la colaboración de todos los que quieran participar y que cualquier aportación o dato es muy importante y valioso.

Reúne si es posible, a aquellos que estén dispuestos e interesados en recordar o hablar sobre los hechos que han ocurrido en la familia, de sus dificultades, aventuras, traumas, lealtades y secretos. Pregunta a tus padres y abuelos si están dispuestos a colaborar y a contarte anécdotas.

Permite que cada persona que quiera ayudar se exprese y después pregunta. A veces aparecen datos dolorosos del pasado, pero todas las entrevistas deben hacerse sin culparse, siendo conscientes de que lo que sucedió tiene sus raíces en el pasado, en muchas ocasiones movidos por lealtades inconscientes. La presencia, la comprensión y el cariño es la mejor formula para que alguien se abra y comience a hablar.

Un método muy eficaz es grabarlos, ya que te permitirá no perderte información y tampoco interpretarla a tu manera. Incluso al escuchar puede que cada vez te conectes con diferentes datos y cosas que se te escaparon la primera vez, y que cobran sentido tras escuchar en una segunda ocasión.

Recuerda que todas las personas somos muy generosas cuando vemos que alguien nos presta atención y está interesado por nuestra vida.

Fotografías de familia

En las fotografías antiguas, del pasado y de tu infancia, hay muchísima información si la observas con unos nuevos ojos, con unos ojos curiosos como si fuese la primera vez, con ojos de niño.

Compara las fotografías antiguas con las actuales:

- Observa las diferencias entre las diferentes fotografías.
- ¿Qué ha cambiado entre unas y otras?
- ¿Cómo es tu visión de la familia en cada fotografía?
- ¿Qué reflejaba del momento que estabas viviendo?
- ¿Qué emociones te despierta?
- Si tú estás en la fotografía, ¿cuál es tu expresión?
- ¿Estás alegre o triste?
- ¿Hacia dónde o hacia quién diriges tu mirada?
- ¿Junto a quién o entre quiénes estás en esa fotografía?

- ¿Recuerdas por qué te situaste ahí?
- Si esa fotografía pudiese hablar, ¿qué le gustaría contar?

Si las miras como si fuera la primera vez, encontrarás datos sorprendentes. Asimismo, como he comentado, puedes preguntarle a un amigo cuáles son las impresiones que tiene cuando ve una de tus fotografías.

VAMOS A EMPEZAR A CAMBIAR

¿Te atreves a crear tu propio futuro? A continuación mostraré unos sencillos ejercicios para empezar a desactivar los diferentes temas que he mencionado. Me gustaría proporcionar las claves y herramientas necesarias para todos los temas, pero en este libro sólo mencionare algunas, las que encuentro con más frecuencia en mi consulta, y, además, los que ya me conocéis sabéis que yo soy partidaria de que «menos es más».

Después de realizar el árbol y de analizarlo, tendrás diferentes temas en los que trabajar. Hazlo poco a poco, intentando sentirlo y, sobre todo, actúa con mucha conciencia y presencia. No seas demasiado exigente contigo mismo y concédete el tiempo necesario en cada uno de ellos. Si necesitas repetirlos varias veces, no pasa nada, no significa que no lo sepas hacer. Los procesos son diferentes para cada persona y para cada tema según lo que te hayan afectado en el pasado.

Hacerlos no sólo será positivo para tu vida, sino que también tendrá un efecto beneficioso para ti, ya que liberas a tus antepasados y a tus descendientes, puesto que les permitirá liberarse de la herencia más limitante y dolorosa.

Cuando descubras las lealtades o cargas que llevas por tu familia, ten en cuenta que todo siempre se hace por amor, ya que, como hemos visto, todos consideramos que nuestro sistema familiar es la primera y esencial fuente de cariño y de amor.

Cada uno de los ejercicios que propongo a continuac
realizar de diferentes maneras, todas ellas válidas. Puede
sentantes (personas reales que van a representar a tus fa
dres, hermanos, parejas, hijos, etc.). También puedes emp
fotografías, sillas o zapatos, entre otras cosas. Cualquier objeto puede
ser válido, sólo sé creativo. Si no dispones de nada de esto o prefieres
trabajar solo, el poder de la visualización es impresionante. Sólo elige
el que prefieras para cada ejercicio.

Puedes realizarlos aunque tus padres (ambos o uno de ellos), antepasados o familiares con los que necesites trabajar ya hayan fallecido. Su energía sigue viva dentro de ti y la sanción se producirá igualmente.

También es necesario que busques un lugar tranquilo y que dispongas de un lapso de tiempo en el que nadie te moleste, y, por supuesto, desconecta el móvil.

Herramientas para trascender lealtades

Es muy importante que sepas y recuerdes que todas las lealtades son por amor. Absolutamente todas son por amor inconsciente a nuestro sistema familiar. Es normal que en un principio, cuando las descubras, puedas sentir rabia, pero recuerda que tú las elegiste, movido por ese amor inconsciente; por ese motivo, con el mismo amor que las tomaste, hay que devolverlas. Si no eres capaz, tómate un tiempo y haz ejercicios para liberarte de tu enfado y rabia. Así, una vez se abre este dolor, puedes devolver esas lealtades.

A continuación, muestro un resumen de las herramientas que puedes utilizar y que yo misma he empleado para cada ejercicio. Tú mismo puedes ser creativo y usar la que mejor te vaya:

Hazlas conscientes: partiendo de la base que las lealtades o fidelidades son inconscientes, lo primero en todos los casos sin excepción es hacerlas conscientes, porque cuando se hacen conscientes y sabes cuál es su origen, puedes empezar a deshacerlas y vivir tu propia vida.

La visualización. Comprobarás lo eficaz que es cuando no dispones de representantes, o simplemente ya sabes que es tu método favorito porque lo has aplicado antes. Cuando se hace bien, tiene un poder enorme, pues en esas visualizaciones vuelves a vivir todo como real y, al final, a través del deseo consciente, logras dar una solución amorosa al conflicto mediante el poder de la visualización, creando así tu mejor futuro potencial al que se dirige toda tu energía.

Frases curativas. Las frases sanadoras como las de los ejemplos que he puesto antes, en algunos casos, al pronunciarlas, provocan liberación de estados emocionales, sacando a la luz realidades y sanando la energía estancada. Las frases sanadoras producen desde el principio una gran liberación de energía bloqueada. Otras, sin embargo, en un principio, pueden resultar un poco molestas y pueden provocar cierto dolor al pronunciarlas, aunque siempre es con la intención de curar, ya que en algunos casos sacan a la luz una realidad y nos hacen tomar conciencia de algo que antes no queríamos, o no podíamos ver, para, finalmente, acabar produciendo la sanación.

Al decirlas en voz alta se espera lograr movimientos que permitan crear armonía, equilibrio y reconciliación para que todos los miembros de la familia se encuentren a gusto, en armonía y en paz. La finalidad es que todos se sientan bien, y llegar así a un estado de agradecimiento, reconocimiento y honrar.

Las frases sanadoras nos ayudan a sacar a la luz la realidad para que cada persona asuma lo que tiene que asumir, es decir, la responsabilidad que le corresponde. Al pronunciarlas producen un movimiento en el alma.

Van dirigidas al corazón de la persona para movilizar sus emociones y sentimientos más que a la razón, lo que nos ayuda a conectar con aquellos que estuvieron antes que nosotros.

A continuación, menciono algunos ejemplos más de frases sanadoras que puedes usar al trabajar la relación con tus padres. Son una especie de referencia para diferentes situaciones. También es bueno que crees las tuyas propias, adaptadas a cada situación.

Seguir tu propio camino, dejando lealtades:

«Mamá, papá, tomo la vida que viene de vosotros. Por favor, bendecidme si actúo de manera distinta a vosotros. Cada vez que sea feliz, lo haré en honor a ti, papá, y a ti, mamá».

Despedida de los padres cuando mueren:

«Mamá (o papá), con amor y dolor te dejo morir y me despido de ti. Ahora, yo me quedo con la vida. Mírame con buenos ojos y bien si me quedo en la vida. Ya nos encontraremos».

Dejar de ser hijo parental:

«Mamá, papá, vuestra historia es más grande que yo. Yo no puedo ocuparme de vuestros destinos, es mucho para mí. Gracias por la vida que me habéis dado. Es mi trabajo hacer algo con ella, toma mi responsabilidad para ser feliz».

Reconocer el dolor de los padres:

«Mamá, papá, ahora puedo ver vuestro dolor y cuánta falta os hicieron vuestros padres también a vosotros, la misma falta que me habéis hecho a mí. Por eso, ahora entiendo que no me pudisteis dar lo que a vosotros no os dieron y también os faltó».

Soltar lealtades:

«Papá, mamá (o cualquier ancestro del que estéis repitiendo el patrón limitante), con el mismo amor con que tomé esta lealtad, con el mismo amor os lo devuelvo. Ahora yo me encargo de mi destino».

Puedes realizar estos ejercicios con las frases curativas solo o acompañado. Si estás con alguien que te ayude, será esta persona la que pronunciará en voz alta las frases que mencionaré a continuación; de lo contrario, puedes imaginarte que ellos te dicen a ti las siguientes frases:

Imagina que tu madre y tu padre te dicen:

«Para mí está bien que te ocupes de tu vida y brilles».
«Te bendigo si lo haces mejor o de manera distinta a mí».
«Mi historia es mía y es mucho para ti si intentas cargar con ella. No hay nada que puedas hacer por mí o por mi destino. Tú tienes tu historia y yo tengo la mía».
«A mí también me hizo falta mi madre o mi padre. Hice por ti lo que pude. Te di la vida, ahora te toca a ti hacer algo con ella».

Existen un gran número de frases sanadoras, pero lo mejor es que te dejes llevar por tu intuición y construyas las tuyas propias teniendo siempre en mente una actitud de empatía, conciliadora y sanadora, recordando que cada persona, en cada momento, lo hace lo mejor que puede y sabe, según el momento histórico que le tocó vivir y la educación que le han dado.

La hipnosis es una buena herramienta gracias a la cual la persona entra en un estado de *relajación profunda*, lo que le permite *calmar la mente crítica y analítica*. Puedes practicar una autohipnosis, o pedirle a alguien que dirija el ejercicio. También puedes grabar tu voz en el teléfono móvil o en una grabadora con la meditación que quieras realizar con *los ojos cerrados* (de este modo eres tú quien diriges tu propia hipnosis con grandes resultados).

Los actos psicomágicos sirven para exteriorizar, a través de una representación, los conflictos que están en contacto directo con el inconsciente. Se representaban a través de una acción concreta para así tener la posibilidad de hacer un cierre curativo.

Un acto psicomágico es una escenificación simbólica que contiene las claves de la solución del trauma que queremos sanar. Su finalidad es que salgamos de los patrones repetitivos que nuestra familia a través de los códigos que nos han dejado, con lo que, por tanto, pretende romper los círculos viciosos en los que estamos estancados a nivel intelectual, emocional, sexual o material, debido a nuestros antepasados.

Un acto psicomágico es, a la vez, irracional y racional, así como metafórico. Aparentemente, es irracional, pero también racional en la medida en que la persona sabe por qué tiene que realizarlo. Los conflictos no se almacenan en forma de palabras en el plano de la razón, sino a modo de símbolos, como el lenguaje de los sueños, y también quedan grabados en el plano de lo corporal. Para poder acceder a ellos hay que usar la *metáfora,* para que el inconsciente lo entienda, para acceder a donde realmente están almacenados. Es el único «idioma» que se habla en el inconsciente, donde escondemos nuestros traumas o conflictos. La palabra y la razón tienen un poder limitado, ya que no sintonizan con el inconsciente. La forma más clara y rápida de llegar es la metáfora. El acto psicológico utiliza el poder del hemisferio derecho.

Todo acto psicomágico debe ser como hacer un ritual adaptado a cada persona, recordando que lo que es bueno para mí tal vez no lo sea para ti o para los otros. Cada receta es personal. Por ejemplo, si te sentiste sin apoyo cuando eras pequeño y ahora te falta fuerza, imagínate que haces un pequeño altar con piedras, muñecos, zapatos o cualquier cosa que se te ocurra. Tú te sitúas en el centro y te rodeas de todos tus familiares. Cada vez que veas este pequeño altar, te sentirás conectado con una gran energía y sentirás que ahora tienes la fuerza de tus ancestros.

Otro ejemplo en un caso de sobreprotección sería que te pongas una prenda de ropa de ellos y estés unas horas con ella, sintiendo el calor que te proporciona esa prenda. A continuación, quítatela con amor y agradecimiento por haberte sido útil con el sentimiento. A la vez que te la quitas, te estás quitando la lealtad a la sobreprotección de tus padres. Después puedes regalársela a alguien, por ejemplo, una ONG, una asociación o algún amigo. Al igual que las frases curativas, es bueno que se creen rituales especiales para cada situación.

Decir sí a nuestros padres

Es fundamental para poder tener una buena vida. Hay que decir sí a todo lo que nos llega de ellos. Si dijéramos no, cerraríamos nuestro corazón. Hay personas que no quieren parecerse a sus padres y los rechazan con toda su alma. Critican lo que hicieron o dejaron de hacer, y no dejan de recordar todas las cosas que hicieron mal. Se convierten en jueces de sus padres señalándolos con un dedo acusador. Uno empieza a darse cuenta de la complejidad de ser padres cuando también se convierte en padre; ahí se da cuenta de lo difícil que resulta hacerlo bien.

Para solucionar esto, toma conciencia de que el rencor te une a aquello que rechazas y el perdón te libera. Y es que lo que rechazamos nos encadena y lo que amamos nos hace libres.

Puedes intentar hacer este bonito ejercicio:

Abraza en tu interior a tus padres, aceptándolos tal y como son. Diciendo sí a todo lo que viene de ellos, a la vida que nos tocó vivir, con los padres que nos tocaron, a cada hecho que has vivido, a todo tal y como fue, porque no puede ser de otra manera. Y diles: «En mi corazón tenéis un lugar muy importante. Vosotros vivís en mí y vuestra fuerza y todo lo que vosotros habéis superado corre por mis venas. Gracias».

De esta forma te cargas de toda la energía emocional de todo lo que ellos han superado y te llenas de vitalidad.

Es cierto que muchas personas han tenido unos padres maltratadores, agresivos y violentos. Entonces, es bueno que los hijos se alejen para no sufrir sus agresiones, pero en su *vivencia interna* pueden llegar a aceptar su pasado y su destino doloroso tal y como fue, sintiendo que aunque no justifican el maltrato, sus padres también han sido víctimas de él y que no conocen otro lenguaje emocional porque nadie se lo enseñó.

Para poder entenderlos puedes probar lo siguiente:

Cierra los ojos, visualiza a tus padres y, mentalmente, repite: «Seguro que si llego a recibir la educación que vosotros habéis recibido, con los padres que habéis tenido y hubiese vivido en el momento histórico que habéis vivido, yo lo hubiese hecho igual que vosotros, o incluso peor». Esta frase te permitirá ponerte en su lugar y reflexionar un poco. Pensar lo contrario es pura arrogancia, ya que nuestros padres no tuvieron los medios de desarrollo personal que nosotros tenemos.

Para finalizar, sigue visualizando a tus padre y diles: «Gracias por la vida que me habéis dado, es el tesoro más grande, y eso es lo más importante, el resto lo consigo yo, y ahora, sigo mi camino».

Si nuestros padres fueran diferentes o hubieran actuado de otro modo a como lo hicieron, ya no seríamos nosotros tal y como somos; es más, tal vez ni existiríamos. Todas y cada una de las experiencias que tuvimos nos hacen ser como somos ahora; si cambiamos, aunque sólo sea una cosa, ya no seríamos nosotros. Si los aceptamos a ellos, también nos aceptamos a nosotros mismos y ahí empezamos a ser libres. Todo suma, cada experiencia. Nada resta.

Sanar el movimiento interrumpido

Para iniciar el ejercicio necesitas pensar en el progenitor que faltó en tu infancia. ¿Es tu padre o tu madre? Recuerda que la separación temprana de la madre es lo que deja más secuelas.

Para sanar el movimiento interrumpido, puedes pedir ayuda a alguien con quien tengas mucha confianza. Es preferible que, si te falta tu madre, sea una mujer, y si falta tu padre, un hombre, aunque no es imprescindible que sea así.

A continuación, debes situarte de pie frente a la persona que te va a ayudar en el ejercicio, a cierta distancia, mirándoos. Si no tienes a nadie que te pueda ayudar, o prefieres hacerlo en soledad, coloca una silla frente a ti, a cierta distancia, o simplemente utiliza la visualización. Dile a la persona que represente a tus padres: «Papá, papá» o «Mamá, mama», como si los llamases. Repítelo varias veces hasta que lo sientas. Tal vez tengas ganas de llorar, o quizá no, pero deja que afloren las emociones. Al llamarlos, la persona que te está ayudando y a la que le habrás dado instrucciones previamente, esperará un poco antes de acudir a tu llamada, y, después, poco a poco, se acercará a ti a la vez que sigues repitiendo «Papá, papá» o «Mamá, mamá», hasta fundiros en un fuerte y profundo abrazo. Ése es el motivo por el cual es muy importante que se trate de alguien con el que sientas mucha confianza, para sentir que te está sosteniendo y que tú puedes descansar en sus brazos con plena confianza; así tú sientes su ternura y respeto, y de esta forma se une aquello que en el pasado quedo desunido.

Si usas una silla u otro objeto como representante, tendrás que acercarte tú, muy despacio y con conciencia, cuando sientas que es el momento correcto. Al estar cerca de la otra silla que representa a uno de tus padres, abre tus brazos y visualiza que los abrazas, cerrando de nuevo los brazos. Si es uno objeto, como un cojín, tómalo y abrázalo mientras te imaginas que es el padre o la madre que te faltó en el pasado.

Puede que surjan muchas emociones dentro de ti, incluso el llanto, pero permite que todo fluya, ya que es muy liberador. Cuando sientas que es el momento, sepárate del representante y, si lo deseas, dile: «Papá o mamá, te pido tu bendición». A continuación, ábrete a recibirla y agradécele el amor que ahora te está dando. Las energías que se mueven con este ejercicio son muy poderosas y sanadoras a la vez.

También puedes hacer el ejercicio con tus verdaderos padres, si están dispuestos a ello. Proponle a tu madre o a tu padre que te abrace, e imagínate que vuelves a ser un niño. Vuelve imaginariamente al momento en el que el movimiento afectivo hacia uno de los padres se interrumpió, para reanudarlo allí mismo, como en un abrazo de contención, fuerte y tierno al mismo tiempo. Puedes proponerles que te repitan la siguiente frase: «Estoy aquí para ti». Es bueno que la repitan varias veces mientras tú sigues entre sus brazos. Aunque sientas resistencias o estés incómodo en un principio, mantente ahí, hay que lograr que sientas la confianza de nuevo. Continúa de este modo hasta que tu resistencia se disuelva y la fuerza vital vuelva a fluir. Así, el amor que quedó interrumpido llega a restablecerse y la persona puede descansar profundamente.

La madre muere mientras da a luz

Cuando la madre muere en el parto, el hijo que ha sobrevivido también necesita tomar la vida, porque al sentirse culpable, puede tener un sentimiento de que es malo, e incluso peligroso, por causar la muerte de su propia madre, y de esta manera no se siente merecedor de amor. El pensamiento inconsciente que puede acompañarlo toda su vida es: «Soy peligroso», o «Destruyo a las personas que me aman». Si es tu caso o conoces a alguien que ha vivido esta situación, es necesario que el hijo pueda visualizar a su madre y repetir en voz alta o mentalmente esta frase: «Como perdiste la vida cuando nací, no va a ser en vano. Acepto la vida que me has dado, por el gran precio que tú has pagado y por el precio que a mí me cuesta, y le sacaré partido en tu memoria y te demostraré que valió la pena», o «Lo tuyo, mamá, fue un acto de amor, te fuiste dándome tu vida, y sólo por eso yo continúo y lleno mi vida de amor».

Imposibilidad de llegar a la madre debido a la pérdida de un hijo

Cuando una madre ha perdido a un hijo, es muy probable que se le cierre el corazón por el dolor vivido y que, a partir de entonces, al resto de los hijos les resulte muy difícil llegar emocionalmente a ella. La pérdida de un hijo se considera uno de los mayores pesares para una mujer, y puede tener consecuencias muy dolorosas para todo el sistema familiar.

El drama influye en la capacidad de construir vínculos. Cuando una madre está traumatizada por la pérdida de un hijo, de manera automática queda del todo afectada su capacidad de construir el vínculo con los otros hijos.

Algunas madres, ante la pérdida de un hijo, reaccionan con un gran miedo al amor y toman una distancia emocional hacia el resto de los hijos que ya tienen o que vienen al mundo tras la pérdida. También se puede dar el efecto contrario, es decir, que la madre viva en un miedo permanente de perder a otro hijo y, como consecuencia, asfixie a nivel emocional a los que todavía están vivos por miedo a sufrir otra pérdida, ya que ahora no confía en la vida. En ambos casos se genera una herida en los hijos, ya sea por distancia emocional o por sobreprotección.

Si éste es tu caso, es decir, que en la infancia, antes de nacer o después, murió algún bebe o niño y a tu madre se le rompió el corazón, vas a encontrar a una madre traumatizada y no disponible. Esto puede tener consecuencias en la vida de adulto al sentir que no se has recibido suficiente atención y que ha resultado imposible llegar hasta tu madre porque estaba ausente debido al dolor. Para poder aliviar esto, puedes hacer el siguiente ejercicio, que puedes realizar en soledad o con la ayuda de alguien. Toma un folio y dale la forma de un corazón, píntalo de color rojo y escribe en él «mamá». A continuación, toma el corazón en tus manos y repítete mentalmente: «Éste era el corazón de mi madre antes de la pérdida del bebé». Y permítete sentir cualquier emoción que pueda surgir.

A continuación, si estás solo, corta ese corazón en trocitos y espárcelos por el suelo. Si estás con una persona que representa a tu madre, entrégale ese corazón para que lo rompa y reparta los diferentes trozos por el suelo. Después, la representante de tu madre debe pronunciar la siguiente frase: «Éste es mi corazón, que se rompió con la muerte de tu hermano cuando era sólo un niño, y es verdad que ya no estoy completa, soy una madre rota y no he podido darte todo mi amor. Esa es la realidad». Si estás realizando este ejercicio en soledad, simplemente imagínate que tu madre te dice esas palabras. Para seguir con el ejercicio, el representante de tu madre debe tomar varios trozos del corazón roto, dejando otros por el suelo y extendiendo su mano hacia ti, mientras pronuncia la siguiente frase sanadora: «Éste es un trocito de mi corazón que contiene todo mi amor. Esto es todo lo que puedo darte, y es verdad, tienes una madre con el corazón roto, pero cada trocito contiene toda la esencia de mi amor, al igual que una gota de agua tiene la misma composición que todo el océano. Tómalo, está todo mi amor». Tú debes tomar los trocitos del corazón que te ha dado y llevarlo a tu corazón, sintiendo que tu madre te ha ofrecido lo mejor que ha podido, dadas las dolorosas circunstancias. Visualiza cómo su amor empieza a correr por todo tu cuerpo, sanando la herida y llenándolo de vida. Siéntete merecedor de su amor y abraza a tu madre, permitiéndote que sea posible la reconciliación.

Este ejercicio puede darte otra visión muy diferente de lo que pensabas, y te conecta con la generosidad de tu madre de seguir en la vida a pesar del profundo dolor que ha vivido. Tal vez su deseo fuese morir, pero no lo hizo, se quedó. Puedes terminar diciendo: «Gracias, mamá, por quedarte en la vida, yo también me quedo, y ese trocito de tu amor que me has dado me proporciona toda la fuerza para seguir y lograr mi felicidad».

Ocupar tu lugar

Si eres un hijo que lleva una carga por sus padres y ocupas su lugar, es decir, un hijo parentificado, el siguiente ejercicio te va a conectar con la grandeza de tus padres y lo pequeño que eres ante ellos.

Busca a alguien que te pueda ayudar; de lo contrario, puedes colocar una fotografía de tus padres en la pared, a la altura de los ojos, aunque siempre puedes usar la visualización, que también es efectiva. Colócate delante de la persona o de la fotografía. Después, puedes inclinarte ante el representante de tus padres o la instantánea, sintiendo la grandeza de tus padres. También es muy efectivo sentarse en el suelo mirando hacia arriba, donde está el representante o la fotografía. Esa posición a través de la mirada te conectará a cuando eras un niño, pequeño ante tus padres, y te ayudará a conectarte con las emociones de la infancia, cuando eras completamente inocente y anhelabas su amor y protección. Desde esta posición puedes decir: «Aunque me he sentido más grande que vosotros, la verdad es que yo soy el pequeño, y soy yo el que os necesito». También puedes añadir: «Ése es vuestro lugar y éste es el mío». Después, puedes levantarte y abrazar al representante o dar un abrazo simbólico a tus padres y, a continuación, debes mirar hacia tu vida, y si tienes hijos, les puedes decir: «Aquí, delante de vosotros, yo, que soy mayor, ahora os protegeré». Así, debes volcarte en tu propia existencia y en la de tus hijos.

Simplemente se trata de entender que la fuerza de la vida se encamina siempre hacia el futuro. En el pasado siempre está la repetición de patrones; la posibilidad de crear algo nuevo está en el futuro.

Incluir a un excluido

Para este ejercicio puedes valerte de una persona, dos sillas o dos papeles en blanco. A continuación, escribe en un folio tu nombre, y, en un segundo papel, el nombre de la persona excluida. También puedes usar sillas, una con tu nombre y la otra con el de la persona excluida.

Tal vez te llames igual que ese antepasado, quizá no tenga nada que ver. Puedes tener un nombre distinto y aun así estar identificado con un excluido o rechazarlo en tu corazón. Recuerda que existen diferentes maneras de exclusión.

Si no tienes claro quién es el excluido, pero te mueve una sensación interna de exclusión, en la hoja que representa al excluido pon simplemente una X o haz un dibujo de una persona. A lo mejor no sabes de qué forma te puede influir este miembro excluido, pero es bueno hacer este ejercicio si tienes una sensación de exclusión constante o de no pertenencia.

Si lo deseas, puedes anotar en el papel en blanco también el nombre o el parentesco que tiene contigo, como, por ejemplo, «abuela», «tío» o «hermana». Recuerda que, en algunos casos, las exparejas son los grandes excluidos. En otros casos, el excluido de tu corazón puede ser tu padre o tu madre porque no te trataron con amor, te abandonaron, o no estaban disponibles emocionalmente, entre otras cosas. En otros se debe a que tu madre o tu padre te hablaron mal del otro y tú tomaste partido por uno, excluyendo al otro de tu corazón.

Coloca esos dos folios en cada silla, o sobre el suelo, con los nombres boca arriba y frente a frente, de manera que si dos personas se situaran sobre ellos se miraran la una a la otra. Ponlos a escasa distancia. Colócate, en primer lugar, en la silla o de pie sobre el papel donde has escrito tu nombre. Desde esa posición, observa al papel que está ubicado frente a ti, con el nombre de tu antepasado excluido, haz una breve inclinación hacia él y permite que surjan las sensaciones. A continuación, sitúate en la silla o de pie sobre el otro papel, el que representa a la persona excluida del sistema. Permanece unos instantes en calma. Serás consciente de cómo, simplemente con colocarte en su posición, te conectas con esa persona de un modo que parece mágico. Si conoces a esa persona, incluso puedes imitar su postura corporal, por ejemplo, si es tu padre o tu madre. Presta atención a tus sensaciones corporales sin realizar ningún juicio sobre ellas. ¿Cómo te sientes? A continuación, intenta sentir intuitivamente si hay algo que tenga que comunicarte esa persona. Cuando hayan transcurrido unos minutos en esta posición, regresa a tu lugar. Vuelve a situarte en tu silla o sobre el papel con tu nombre, e inclínate ante la posición del antepasado que acabas de asumir.

Puedes decirle:

«Ahora te veo y te concedo un lugar».
«Haya ocurrido lo que haya ocurrido, yo no te juzgo, tú perteneces a esta familia, en mi corazón tienes un lugar».
«Te doy un lugar en mi corazón, y yo ahora tomo mi destino y a ti te dejo con el tuyo».
«Lo he llevado por ti y ahora lo dejo contigo».
«Me retiro con respeto y amor, y todo lo que ocurrió lo dejo contigo».
«Te devuelvo todas las sensaciones y sentimientos que son tuyos y recupero mi propia identidad. Ahora te veo y te reconozco, pero tú eres tú y yo soy yo».

Si el excluido es un hermano que ha muerto o un aborto, puedes decir:

«Te quiero como hermano y respeto tu destino de morir. Por favor, mírame con buenos ojos y sonríeme para que me vaya bien en la vida».
«Te veo y siento el amor de nuestros padres hacia ti, yo también lo tengo. Respeto tu destino de morir y el mío de vivir».

«Aunque tú no llegaras a nacer, yo estoy bien; en mi corazón tienes paz».

Si el excluido es tu padre o tu madre, puedes decir:

«Ahora te tomo como mi madre/padre y me convierto en tu hijo/hija. Gracias por la vida que me has dado, sin ti, yo no estaría aquí».

Dale las gracias en tu corazón o en voz alta, y, a continuación, dale la espalda y mira tu propio destino.

En el caso de que seas tú el excluido, el hijo no reconocido, es decir, bastardo, y tu padre no te haya reconocido, ni te haya dado los apellidos, siempre suele existir un gran dolor. Hay una profunda sensación de ser menos que los demás y un sentimiento de una gran vergüenza interior, aunque a veces esté oculta tras una fachada de indiferencia o arrogancia. Para sanar este dolor, sobre todo si recibiste insultos o desprecios durante tu infancia, o viviste con el miedo de que alguien descubriese que eras un hijo no reconocido de una madre soltera, es bueno realizar el siguiente ejercicio.

Como se ha explicado, puedes hacerlo con la ayuda de alguien o simplemente en soledad. Si lo haces con otra persona, pídele que repita la siguiente frase: «Tú no eres fruto del pecado y de la vergüenza, eres fruto del amor. La vida bendijo aquella unión entre tu padre y yo con tu nacimiento. Eres un auténtico regalo del cielo, fruto de un encuentro entre dos seres que, como mínimo, en el instante en que te concibieron te amaron». Permítete sentir en tu interior el efecto de esta frase. Es posible que aparezca una sensación de merecimiento y de pertenencia.

Honrar a las parejas anteriores

Este ejercicio es válido no sólo para las personas que tienen problemas o sensaciones de rabia o resentimiento con sus exparejas, sino también para aquellas que los tienen en su relación de pareja actual, o que tienen dificultades para iniciar una relación. Ya sabemos hasta qué punto una relación no finalizada correctamente acaba siendo un lastre que crea secuelas y condiciona los vínculos que se dan en las siguientes relaciones. Al sanar y liberar las relaciones antiguas, podemos abrirnos a nuevas experiencias más respetuosas y positivas.

En la actualidad, cada vez hay más separaciones y, por tanto, más niños cuyos padres se separan. Los hijos perciben si existe tensión entre los padres, y a veces sienten la presión de tener que elegir a uno de los dos, lo que les rompe el corazón. Por eso, y no sólo por ti, si tienes conciencia de paternidad y maternidad es bueno sanar los vínculos anteriores.

Empecemos el ejercicio:

1. Haz una lista de las personas con las que has tenido una relación significativa en el pasado, es decir, de tus parejas anteriores, o de aquellas con las que has mantenido un fuerte vínculo emocional, aunque ello no haya supuesto que fuerais pareja, a pesar de que tú sintieras una fuerte atracción por esa persona después de haber mantenido una relación, incluso aunque sólo fuera de un día. Enumera también a aquellas personas con las que existió un vínculo sexual, aunque no hubiese amor. Es decir, incluye en la lista:

• Los matrimonios anteriores o el actual.
• Las personas con las que has convivido como pareja de hecho, aunque no existiera un documento legal.
• Las personas con las que has tenido sexo, sin necesidad de que haya habido convivencia. No es necesario que hayan sido encuentros de manera continuada. El sexo crea siempre un vínculo, aunque sea un sólo encuentro sexual con esa persona.
• Las relaciones platónicas (sin vínculo sexual) que hayan durado en el tiempo.
• Las relaciones importantes que hayas mantenido a distancia.

133

2. Explica tu relación con esa persona, sobre todo si no te ha dejado un buen recuerdo y todavía hoy existe rencor. Anota cómo fue el final de la relación, quién dejó a quién, qué dolor te causó o causaste y cuánto duró el duelo. Es decir, anota todo lo que te venga a la mente sobre tus sentimientos de esas relaciones.

3. Toma, a continuación, varios folios en blanco y anota en cada uno de ellos el nombre de las parejas que hayan aparecido en la lista anterior. Si has tenido muchas relaciones, puedes hacer este ejercicio sólo con las más significativas. Si tienes amigos que quieran hacer de representantes, también se lo puedes pedir.

4. Anota tu nombre en otro folio que te represente a ti.

5. Coloca los folios en los que aparecen los nombres de tus parejas en el suelo, boca arriba y por orden, del primero al último y de izquierda a derecha. Si trabajas con personas, colócalas del mismo modo y, mientras les tocas los hombros, indícales a qué expareja está representando, o si suplanta a tu pareja actual, si fuera el caso.

6. Sitúate de pie frente a todos esos papeles desde tu propio folio. Observa cada uno de los papeles por orden, pronunciando el nombre de la persona en voz alta y observando las reacciones de tu cuerpo. No debes analizar lo que expresa tu cuerpo, sino, simplemente, permítete sentirlo, aunque algunas de esas percepciones sean incluso desagradables. Desde tu posición, permítete sentir todo lo que surja al decir el nombre y mirar a cada una de esas parejas a través de los papeles o de los representantes.

7. Si usas papeles, sitúate, a continuación, por orden, sobre cada uno de los papeles que represente a cada una de tus parejas, es decir, tú te vas a convertir en cada una de ellas mientras te observas a ti mismo. Ten en cuenta que tienes tu versión acerca de la relación que has mantenido con esa persona, pero quizás nunca te hayas puesto en su lugar para saber lo que esa persona siente. Como en la situación anterior, tan sólo tienes que observar los sentimientos que surgen. Si trabajas con representantes, pregún-

tales cómo se sienten con respecto a ti y recibe la información que te den con el corazón abierto. Siente el impacto que tiene sobre ti y las emociones que se despiertan cuando los escuchas. Es sorprendente lo que puedes aprender.

8. Una vez hayas pasado por todas tus parejas, vuelve a tu lugar y dile a cada una de tus parejas anteriores lo siguiente: «Te doy las gracias por todo lo que me has dado», «Yo te di lo mejor de mí, pero no era lo que tú necesitabas, y tú me diste lo mejor de ti, pero no era lo que yo necesitaba», «Gracias por el tiempo compartido y por los hijos que me has dado (en el caso de que los haya), ahora, con amor y agradecimiento, te digo adiós y te dejo ir en paz, y yo también me quedo en paz», «Gracias, has sido un gran maestro para mí», «Te respeto como la pareja que has sido».

Si trabajas con representantes, desde tu posición, puedes ir diciendo a cada uno de ellos la misma frase, aunque el final no haya sido bueno, por ejemplo, si acabó en una separación dolorosa. Debes reconocer que, en algún momento, esa persona te dio algo bueno, porque en caso contrario no habrías accedido a iniciar esa relación. Toda relación se basa en un equilibrio entre dar y recibir. Como te dio algo bueno en aquel momento, debes sentir gratitud hacia esa pareja. Pero si observas que, emocionalmente, todavía queda rabia y aún no puedes ofrecerle el reconocimiento, no te fuerces, concédete el tiempo necesario. Tal vez sería bueno que realizases un ejercicio para canalizar todo tu enfado, para después volver a intentarlo. Hazlo, aunque en algún caso te resulte difícil. De hecho, cuanto más resistencias tengas, más beneficioso será para ti.

También puedes destacar *el orden* de tus parejas de la siguiente manera: si se trata de tu primera relación, debes añadir: «Tú fuiste el primero (o la primera)». Para las siguientes relaciones, debes señalar a la persona que estuvo antes en tu vida y decir: «Él (o ella) estuvo antes, tú viniste después». Cuando llegues a tu última relación, pronuncia las siguientes palabras: «Tú fuiste el último (o la última), que llego a mi vida. Ahora estoy abierto (o abierta) a alguien nuevo y mejor para mí según lo que yo necesito ahora, porque ya estoy en paz y libre de mi pasado».

Si actualmente tienes una relación satisfactoria, puedes decir: «Tú estás ahora conmigo. Entre todos los hombres y las mujeres del mundo, hoy te he elegido a ti. Gracias».

En caso situaciones de *separación o divorcio si hay hijos*, es importantísimo acabar bien con la relación, porque de lo contrario se convierten en las grandes víctimas de las separaciones. Aunque exista una separación, si hay hijos, los padres siguen cumpliendo su función de padres, a pesar de que acaben con su relación de pareja.

Puedes visualizar a tu expareja y decirle:

«Aunque nos hayamos separado, tú siempre serás el padre (o la madre) de nuestros hijos. Gracias por los hijos que me has dado, es el mayor de los regalos, a través de ellos yo te amo a ti, siempre te respetaré como el padre o la madre de nuestros hijos. Ahora, con amor y agradecimiento, te digo adiós y yo continúo con mi vida».
«Siempre vas a ser el padre (o la madre) de mis hijos, con quien elegí ser madre (o padre). En ellos te sigo amando».
«Yo asumo mi parte de responsabilidad de lo que no funcionó entre nosotros. Juntos, tenemos unos hijos y estoy contento de que sea así. En nuestros hijos seguimos juntos».
«En nuestro hijo te seguiré queriendo. Ahora te dejo libre y me libero».

Si son tus *padres los que se han separado* puedes decir:

«Siempre seréis mis padres y en mi corazón siempre os imagino juntos».
«Aunque vosotros dos, papá y mamá, tengáis nuevas parejas, en mi corazón sois los únicos y los mejores padres para mí».

Puedes pedirle a continuación a tu representante que te pronuncie la siguiente frase como si fuera tus padres, o simplemente imagínate que ellos te la dicen a ti:

«En el momento más importante para ti, nosotros estábamos juntos y así nos puedes recordar siempre en tu corazón».

«Tú eres fruto del amor, y en un momento del pasado, nosotros estábamos unidos y tú fuiste nuestro mejor proyecto amoroso».

Sanar las relaciones de pareja

Tradicionalmente, el principio básico en el que se han basado las relaciones de pareja ha sido el sentido del deber y no disfrutar. Hoy en día esto ha cambiado, y del deber pasamos al placer: las parejas quieren ser felices y disfrutar. Pero puede que tal vez tengas lealtades inconscientes a tus padres, abuelos o antepasados en la limitación a la hora de encontrar pareja debido a lo que ellos han vivido, o tal vez estés realizando alguna compensación. Si eres *mujer,* ya hemos comentado la herida que los hechos de guerra y las muertes en el parto dejan en las mujeres, por no mencionar la herida de la mujer hacia el hombre en el tema de los abusos. La herida femenina ha creado a una mujer dura-hombre débil que hace que en los hogares el hombre se sienta infinitamente criticado, no respetado, y la mujer, malhumorada, impaciente, intolerante, invisible y no amada.

En cuanto a los *hombres,* hay que comentar que muchos de ellos cargan con un sentimiento de culpa hacia las mujeres por lo que algunos antepasados masculinos pudieron hacerles a las mujeres, aunque también pueden comportarse de la misma forma que ellos por una lealtad inconsciente a una energía masculina agresiva y distorsionada. Todos estos factores están influyendo tanto en hombres como en mujeres, y se activan de manera inconsciente, lo que dificulta las relaciones de pareja.

Hoy en día hay hombres que se han dado cuenta de que la masculinidad heredada de sus padres y abuelos ya no es válida, y que rechazan el modelo de hombre dominante-mujer sumisa. Quieren abrirse al corazón de la mujer sin ser verdugo ni víctima. Lo femenino ya no es una amenaza, sino un complemento. El hombre, cuyas raíces están dentro de su propio poder, puede ver a la mujer como a un igual. Para lograr llegar a esto, tenemos que tomar conciencia de la importancia que el padre y la madre tienen en nuestras vidas y cómo nos condiciona la relación que tengamos con ellos a la hora de tener pareja. Cualquier trabajo que ya se ha descrito con tu padre y tu madre será muy bueno para sanar el tema de las relaciones de pareja.

Para entender el proceso de enamoramiento, hay que saber que la primera figura del sexo contrario de la que se enamoran las mujeres es del padre, y los hombres, de la madre. Es lo que llamamos complejo de Edipo y de Electra, respectivamente, que más tarde tenemos que superar. La energía masculina de nuestro padre se enfoca en nuestras relaciones con los hombres, mientras que la energía femenina materna facilita a los hombres las relaciones con las mujeres. Es evidente que si estos canales de energía no están limpios u obstruidos, dificultarán las relaciones de pareja que vamos a mantener en el futuro.

Como nuestros padres son nuestro primer objeto de deseo, es bueno liberarse de las lealtades a ellos, a la forma en que nos trataron en la infancia, con distancia, rechazo, etc., y también al modo en que se relacionaban entre ellos, ya que todo lo que no se ha sanado con los padres se va a proyectar en las relaciones de pareja, con lo que se repetirán las historias de dolor y sufrimiento.

Para seguir avanzando un poco más, después de haber trabajado con tus padres con los ejercicios anteriores, a continuación solicitaremos su ayuda para romper las limitaciones que te impiden progresar en el amor, ya que cada uno de nosotros recibimos la energía a través de dos canales: del linaje masculino por parte de nuestro padre y del linaje femenino por parte de nuestra madre.

Vamos a empezar a romper esta lealtad inconsciente a través de los siguientes pasos:

Imagínate delante de tu padre y de tu madre o de su representante, ya sea una persona o un objeto, y diles: «Papá, mamá, os pido permiso para ser feliz. Aunque vosotros hayáis sufrido en vuestra relación, os pido vuestra bendición para tener una relación de pareja mejor de la que vosotros habéis tenido». Visualízate recibiendo esta energía, ya que con independencia de cómo hayan sido tus padres, ellos desean que seas feliz, puesto que tu éxito es su éxito.

Si tu padre o tu madre estuvo ausente en tu vida, o bien porque se tuvieron que marchar, o bien porque era muy difícil llegar emocionalmente a ellos, hay que concederles un lugar en tu corazón y así poder liberar gran parte de los obstáculos que te puedan limitar en tu vida sentimental. Puedes decir: «Aunque me duele mucho no haberos podido sentir presentes ni cariñosos en mi infancia, entiendo que vosotros también sentís dolor, y que tal vez vivisteis algo traumático en vuestra infancia que os congeló el corazón y os bloqueó la capacidad de amar, por eso os libero de mi enfado y rencor, y me libero yo mismo».

También puedes elegir un elemento que represente a tu padre o madre, dependiendo de si quieres trabajar tus problemas sentimentales con hombres o mujeres. Puede ser una persona, un dibujo, una fotografía o cualquier objeto que te recuerde a ellos. Di en voz alta, mirando de frente a quien represente a tus padres: «Tú eres mi padre o mi madre», y permítete sentir esa frase. Imagina a continuación que detrás de tu padre o tu madre está todo su linaje, sus ancestros. Será como visualizar una pirámide, donde el vértice eres tú, y detrás de ti, tu padre, y detrás de él, su padre, su abuelo paterno, su bisabuelo paterno y una larga hilera de hombres que se pierde en el infinito. Haz lo mismo con el linaje femenino: tu madre, su madre, su abuela materna, su bisabuela materna, etc. Haz una pequeña reverencia ante todos ellos. A continuación, después de mirarlos a los dos, date la vuelta y siente detrás de ti esa gran pirámide de ancestros que te van a apoyar. En ese momento, visualiza que, con mucha suavidad, ponen su mano sobre tu hombro. Si se trata de tu padre, lo hará sobre el lado derecho de tu hombro. Si es tu madre, sobre el lado izquierdo. Siente que a través de esa mano se transmite toda la energía del linaje masculino o femenino, de todos los hombres o mujeres de tu sistema desde el origen de los tiempos. Pronuncia las siguientes palabras mirando hacia tu futuro: «Gracias, de ti lo tomo con amor», y visualízate en un futuro con pareja. Siente cómo tienes su bendición y estás alineado con los hombres o las mujeres de tu pasado, que te dan la fuerza necesaria para crear este futuro.

Lo femenino y lo masculino son dos potencias del universo que, cuando se unen, transforman. Cuando la mujer recupera su feminidad real y el hombre su masculinidad, recuperan la creatividad.

Liberación de códigos familiares

Existe una especie de «códigos», que están ubicados en lo más profundo de nuestras mentes, y que se fijan en la infancia en forma de creencias y de inhibiciones cuyo efecto es bloquearnos y paralizarnos. Aunque nuestros padres no lo hiciesen a nivel consciente, estos códigos actúan con fuerza en nuestro interior, condicionando nuestra vida, ya que algunos de ellos no están verbalizados, ni tampoco en el plano de la consciencia.

Toda familia tiene sus propios referentes a diferentes áreas de la vida que se repiten de generación en generación través de nuestro árbol genealógico. No podemos cuestionarlos porque son como una segunda piel y llevan toda la vida con nosotros. La mayoría de los contratos se cumplen por lealtad, pero también por temor a las consecuencias. Toda familia tiene sus propios referentes en diferentes áreas de la vida:

En el plano *material:* estos códigos hacen referencia a todo lo que tiene que ver con el cuerpo, lo económico, lo laboral, el malestar físico, etc.

En el plano *emocional:* son códigos que manejan nuestros sentimientos y creencias en el plano de las relaciones de pareja, los hijos, los amigos, etc.

En el plano *intelectual:* son ideas y pensamientos, creencias que nos limitan haciéndonos sufrir, impidiéndonos ser felices y realizarnos.

En el plano *sexual:* se relacionan con la sexualidad, la culpa, el castigo, el libertinaje, el machismo, los abusos, etc.

A continuación, menciono unos cuantos ejemplos en relación al plano emocional, que es algo que en una cierta medida nos afecta a todos:

«La pareja es para toda la vida». Se busca la lealtad a esta creencia para que, aunque seas la persona más infeliz del mundo, continúes con resignación y sufrimiento con esa relación por muy tóxica que sea. Tu imagen interna será estar encadenado a otra persona de por vida.

«Nadie se ha divorciado jamás, en nuestra familia todos somos católicos». Tus creencias religiosas por lealtad a tu familia harán que te sientas culpable con la idea de separarte. Vivirás una vida limitante y carente de motivación.

Estos ejemplos de contratos emocionales nos atan con fuerza al pasado, donde sólo existe la repetición de patrones que fomentan las relaciones de dolor, sufrimiento y dependencia emocional. Disolver estos contratos es abrir al fin la puerta a la libertad de amar de una manera más libre y feliz.

Propongo el siguiente ejercicio para trabajar con el modelo sistemático y la programación neurolingüística, ya que es bueno para nosotros deshacernos de cualquier creencia que sea limitante e inútil. Busca los códigos limitantes que haya en tu sistema familiar, como los que ha mencionado antes, o como, por ejemplo: «Mejor estar solo que en pareja», «Eres torpe como tu madre o tu padre», «Un hijo nunca debe superar a un padre», «Estudiar para ser artista es una pérdida de tiempo», «Nunca llegarás a ser alguien», «Las mujeres mejor en casa y casadas», «El dinero corrompe a las personas», «Ducharse todos los días desgasta la piel», «Una mujer tiene que llegar virgen al matrimonio», «Hay que comerse y terminar todo lo que hay en el plato», «Los padres siempre tienen razón y no se equivocan», y un sinfín de órdenes más en los diferentes planos.

Pregúntate a continuación:

- ¿En qué plano y cuáles son las que más escuchabas y se repetían en tu familia?

- ¿Qué creencias limitantes reconoces y cuáles te ha podido hacer ver alguien ajeno a tu sistema familiar?
- ¿Cuáles son las que más te influyen en el momento actual?
- Cuando las conoces y eres consciente de estas creencias, con más facilidad puedes liberarte de todo aquello que te está provocando problemas en la actualidad.

De esos códigos, elige tres y plantéate lo siguiente: ¿Cómo crees que han condicionado tu vida?, ¿cómo sería tu vida de continuar con ese código? Me imagino que nada agradable, con lo cual ha llegado el momento de cambiarla. Tenemos que empezar a buscar el antídoto. Contesta a esta nueva pregunta: ¿cuál sería el nuevo código, contrario al anterior, que te potenciaría en lugar de limitarte?

A continuación, diseña una realidad en la que te visualices con todo detalle libre de esa limitación. Imagínate cómo cambia tu vida y cómo la gente que te rodea se da cuenta de que has cambiado.

Para terminar, puedes hacer el siguiente ejercicio para dar más fuerza a lo que acabas de visualizar:

1. Anota en un papel los tres códigos de los que quieres liberarte.
2. Reconoce que te apropiaste de ese código por amor inconsciente a tus familiares. Siempre los tomamos por un amor ciego en la infancia y por nuestro deseo de pertenencia.
3. Devuélveselo mentalmente a los antepasados a los que les corresponde, pronunciando las siguientes palabras: «Con el mismo amor con que lo tomé, con el mismo amor lo devuelvo».
4. Rompe o quema el papel con el viejo código.
5. Anota en un papel tus nuevos códigos, que anularán a los anteriores. Recuerda que siempre tiene que ser una afirmación positiva de esta realidad. Ejemplo: «Soy libre para separarme y vivir felizmente».
6. Repite esta frase durante un tiempo, a la vez que la acompañas de una visualización en la que te imaginas con esa realidad cumplida.

Liberar la neurosis de clase

Puedes realizar este ejercicio con uno o con los dos progenitores si no tienes claro de qué lado de tu árbol puede venir la dificultad. Es un ejercicio muy beneficioso y que producirá cambios muy importantes en la forma en que irás por la vida a partir de este momento.

El ejercicio consiste en pronunciar una serie de frases curativas orientadas a sacar a la luz la realidad. Al realizar este ejercicio, pueden aparecer resistencias en tu interior, pero no te preocupes, ya que esto indica que es ahí donde se encuentra el bloqueo, es una señal clara de que debes realizarlo, ya que se vuelve tanto más difícil cuanto más hayas interiorizado la neurosis.

Te recuerdo que, como en los anteriores ejercicios, es bueno que busques un lugar tranquilo y que dispongas de cierto tiempo en el que nadie te moleste y desconectes el teléfono. También puedes practicar este ejercicio aunque tus padres hayan fallecido.

A continuación, coloca una fotografía de tus padres delante de ti, o la del progenitor con el que tengas el conflicto. Si en ese momento no dispones de ninguna instantánea, busca un objeto que los represente (un dibujo realizado por ti, unos cojines, unos muñecos). Puedes usar un representante o simplemente visualizarlos.

Mirando su fotografía, al representante, o con los ojos cerrados visualizándolos, pronuncia las siguientes palabras voz alta: «Eres mi padre (o bien mi madre, o ambos)». Deja que transcurran unos minutos antes de pronunciar las siguientes frases, ya que lo más importante no es que las repitas de memoria, sino que puedas llegar a sentirlas: «Papá (o mamá), te doy las gracias por la vida que he recibido de ti. Es un regalo maravilloso y lo acepto. Por el precio que vosotros habéis pagado con vuestro esfuerzo y sufrimiento, a partir de este momento voy a ser plenamente feliz, y voy a tener éxito en todo lo que haga. Cada vez que goce de un momento de felicidad y éxito, me acordaré de vosotros y disfrutaré. Brillo y resplandezco en la vida en vuestro honor».

Seguramente después de pronunciar estas palabras aparecerá alguna emoción. Permítelo y deja que esa emoción pase a través de ti y se disuelva. Si sientes tristeza, alegría, enfado o incredulidad, simplemente acéptalo. Tal vez tengas ganas de llorar. No contengas esta emoción y permite que fluyan tus lágrimas, ya que son una ducha para el alma.

Si tus padres ya han fallecido, no te culpes por no haberlo hecho antes, ya sabes que su energía vive dentro de ti y que la sanción va hacia atrás, hacia tus ancestros y hacia las generaciones futuras.

También puedes inclinarte ante tus padres como haciendo una reverencia ante ellos. Esta actitud constituye un agradecimiento y un acto de respeto. Mantente así durante un par de minutos y, a continuación, abandona la reverencia y adopta la postura normal.

Tal vez no seas capaz de realizar este ejercicio debido a tus resistencias internas al adquirir conciencia de cómo tus padres han podido condicionarte. Si es así, abandona el ejercicio y vuelve a realizarlo más tarde. Confía y ten la seguridad de que lo lograrás, porque para ti va a ser una gran liberación para poder diseñar la vida que deseas. Tu cuerpo es sabio, y como el trauma está en el cuerpo, tal vez necesites un poco más de tiempo para digerir la nueva información.

Intenta honrar a tus padres cada vez que tengas éxito, por pequeño que sea. Tras lograr cualquier cosa, por nimia que sea, ten un pensamiento hacia tus padres y repítete en tu interior: «Esto es por ti, en tu honor», «Esto lo disfruto gracias a ti». Esta manera de actuar te va a traer mucha prosperidad y, por encima de todo, te va a ayudar a disfrutar aún más de la vida.

Liberación de secretos familiares

Hay secretos que resultan muy fáciles de comentar en el seno del sistema familiar, ya que el paso del tiempo ha suavizado la carga, como, por ejemplo, un antepasado que era alcohólico o que tenía ideas políticas diferentes al resto de la familia, o un desertor de guerra. La carga emocional de estos hechos puede no ser muy grande.

Pero, en cambio, en otros casos puede resultar muy difícil revelar un secreto de forma oral, ya sea por la gravedad del tema o porque no todos los miembros de la familia están dispuestos a aceptarlo. En esta situación, una buena opción es redactar una carta. Escribir es una manera ideal de materializar el secreto, para así poder sacarlo a la luz y explicar la verdad. Se verbaliza a través de la escritura, y así, de cierto modo, deja de ser silencioso.

El hecho de escribir, aunque sólo lo leas tú, ya es liberador. Léelo con calma, incluso el día siguiente, y si consideras que es el momento adecuado, puedes compartirlo, siempre aceptando que algunos miembros de tu sistema familiar entren en negación. Tendrás que aceptarlo. En un caso que atendí en mi consulta, una chica sufrió abusos sexuales por parte de su hermano mayor. Tuvo la necesidad de compartirlo con el resto de hermanos y algunos de ellos lo negaron. Tuvo que aceptar esta situación, aunque lo importante para ella fue el poder verbalizarlo y sentir el apoyo de una hermana que ya lo sospechaba. Así se sintió segura para poder seguir trabajando en ello en terapia y poder liberarse de las secuelas de un abuso.

Una forma de explicar un secreto familiar complicado a un menor consiste en darle forma de cuento. El cuento, al ser metafórico, es también un buen medio para suavizar el tono emocional de una historia que quizás nos resulte demasiado complicada de explicar. Los cuentos nos ayudan a expresar las cuestiones esenciales de la vida para poder trascenderlas. En los cuentos podemos ser los héroes que salvan su propia vida y dar sentido al dolor. Los cuentos siempre ofrecen una salida, es una gimnasia emocional que da soluciones a la psique de los niños.

A modo de ejercicio, para liberarte de los secretos, puedes usar un papel o un objeto que represente al secreto. Sitúate frente a él y le dile estas palabras: «Ahora lo malo puede darse por terminado, yo te veo y dejo la responsabilidad en el lugar y en la persona a la que le corresponde».

También puedes dirigirte a quien guardaba el secreto y decirle: «Sé que tu intención era protegerme del dolor. Ahora yo soy adulto, puedo sobrellevar esto y aprendo siendo mejor persona».

En el caso de un secreto de *un suicidio en tu sistema familiar,* puedes visualizar a esa persona y usar la siguiente frase curativa: «Respeto tu destino y tu decisión. Ahora puedes estar en paz y quiero que sepas que todo sigue bien». Si quien se suicidó fue el padre o la madre, puedes decir: «Querido papá, o mamá, aunque te vayas, yo me quedaré un poco más, luego también moriré, pero de momento yo me quedo con la vida».

Cerrar duelos

Despedirse de las personas que han fallecido tiene mucha importancia. Si no lo has hecho, sentirás que falta algo por cerrar, y siempre quedará algo pendiente; además, así se crean los duelos congelados. Cerrar un duelo es una forma más de decir al inconsciente colectivo familiar que liberamos el pasado, que entendemos lo que sucedió y que lo aceptamos, aunque nos cueste y nos duela.

Para cerrar bien un duelo, en algunas situaciones es necesaria una ayuda exterior, ya que al ser algo muy doloroso, es fácil quedarse atrapado en la emoción, aunque no en todos los casos. Si es así, puede ayudar alguien de confianza o tu terapeuta.

Si decides cerrar el duelo solo, es bueno que el objeto que elijas sea suave y amoroso, como un cojín, una almohada, o incluso un peluche. Puedes tomar el objeto entre tus brazos, abrazarlo con fuerza y pronunciar mentalmente o en voz alta las siguientes frases curativas:

«Te has ido cuando te necesitaba y aún te necesito, pero por amor a ti sigo mi camino».

«Querido/a padre/madre, tú estás muerto/a y yo todavía viviré un poco y después moriré también. Aunque te vayas, yo me quedo, y cuando llegue mi hora, ya nos reuniremos de nuevo».

«Siento el dolor de tu muerte y te sigo echando de menos, pero ahora te miro y te veo. Dondequiera que estés, te llevaré en mi corazón para siempre. Me diste lo suficiente, y ahora continúo yo solo. ¡Gracias!».

Otra opción sería hacer una visualización del fallecido para agradecerle lo que has recibido de él y pedirle que siga su camino.

También puede ser muy útil *escribir una carta de despedida* al antepasado o familiar que ya no está con nosotros. Es importante que en esta carta viertas tus sentimientos, incluso puedes decirle que estas enfadado porque se ha ido y te sientes abandonado/a, o que sientes que se haya ido tras haberos enfadado. Vierte primero todo lo que te causa tristeza, ira o resentimiento para terminar esa carta mostrándole todo el amor y agradecimiento que sentías hacia él. Más tarde puedes ir al cementerio, si lo deseas, o simplemente quema la carta, siendo consciente de que tus palabras le van a llegar.

Sanar un suicidio

La finalidad de este ejercicio es poder cerrar un duelo de una situación que en muchos casos se considera tabú. El ejercicio tiene una doble intención; por un lado, que la persona pueda despedirse del familiar que se suicidó, ya que en los casos de suicidio no ha sido posible, y esto, unido a que es un secreto, también se convierte en un duelo enquistado, con las dolorosas consecuencias para el sistema. Además, por otro lado, el suicida podrá descansar en paz al tener el reconocimiento y el cariño familiar. Aunque en tu familia nadie quiera hacerlo, tú tienes el derecho a poder despedirte de esta persona que se ha suicidado y poderte liberar de las consecuencias inconscientes y limitantes de tenerlo que seguir hasta la muerte.

Ejercicio

Para realizar este ejercicio, si estabas muy vinculado a la persona que se suicidó, te aconsejo que solicites la ayuda de una persona de confianza que pueda contener la descarga emocional que se puede producir, debido al profundo dolor por la trágica pérdida de un ser querido. Si no es el caso, o bien porque lo has superado o porque no existía tanta implicación emocional con el suicida, puedes utilizar dos papeles colocados en el suelo o dos sillas. Coloca una silla frente a la otra. Siéntate tú en una, y en la otra, la persona que representa a quien se ha suicidado. También puedes poner dos papeles en el suelo, uno que te represente a ti y el otro debe llevar el nombre de la persona que se ha suicidado o, si no sabes exactamente quién era y has oído hablar de que un antepasado se suicidó, tan sólo escribe «antepasado». El proceso es el mismo para silla y los papeles, por lo que proseguiré con el sistema de los papeles.

Coloca los dos papeles en el suelo y ponte frente a la otra persona. Lo puedes hacer con los ojos cerrados o con los ojos abiertos. Empieza visualizando a la persona que se suicidó e imagínate cómo la ves y la sientes desde fuera; observa qué juicios tienes y qué opinas acerca de lo que hizo. ¿La juzgas? ¿Utilizas la palabra «cobarde»? ¿o aparecen emociones como la rabia y el dolor por sentirte abandonado? Es importante que sientas y que dejes que las emociones fluyan.

El segundo paso consiste en que te pongas en la piel de esa persona y que sitúes el papel que la representa frente a ti. Conéctate con esa persona y permite que fluyan las emociones y los sentimientos que podría tener, conéctate con su dolor, o con las sensaciones de tristeza, desasosiego y malestar, e incluso con una sensación pasajera de locura.

A continuación, regresa a tu sitio y vuelve a mirar el papel de la persona que se suicidó. Si es alguien muy cercano, como un padre, una madre o un hermano, míralo y, en voz alta o en tu interior, repite esta frase: «Honro y respeto la forma en que decidiste terminar con tu vida. Yo, aunque te eche de menos, voy a seguir con mi vida. Sólo espero que hayas alcanzado la paz que tanto anhelabas». O, por ejemplo: «Ahora sé, aunque me duela, que en ti había mucho dolor, y aunque hubiese preferido que te quedases conmigo, ahora te dejo ir, pero siempre tendrás un lugar en mi corazón», o «En el pasado te juzgué por la manera en que te fuiste; hoy ya no lo hago porque sé que en ti había una herida muy grande. Ahora puedo expresarte mi dolor y mi amor, y te dejo ir».

Visualiza que le das un abrazo muy fuerte a esta persona. Puedes abrazarte tú mismo, y, antes de soltarte, pronuncia las siguientes palabras con cariño: «Te dejo libre, te dejo ir, y yo sigo teniendo una buena vida».

Tomar la fuerza del padre o la madre fallecidos

Cuando fallece un padre o una madre, es normal sentir un vacío muy grande, así como una profunda sensación de soledad. Para poder aliviarlos y seguir tomando la fuerza de cuando ellos estaban vivos, puedes hacer el siguiente ejercicio.

Puede ayudarte otra persona, pero si no es posible, puedes utilizar tu imaginación para visualizar. En primer lugar, ponte de pie y siente en tu cuerpo el vacío de esa pérdida y la sensación de soledad. Después, pídele a la otra persona que se coloque justo detrás de ti con las dos manos sobre tus hombros para que puedas sentir su fuerza. Permanece así un instante, y después comienza a caminar por la sala sintiendo cómo tu padre, o tu madre, que ya no está en el plano terrenal, camina a cada paso contigo, acompañándote en tu propio proceso evolutivo. Sentirás que no estás solo, que su presencia te acompaña a cualquier lugar del mundo al que decidas ir.

Esta visualización puedes realizarla en cualquier lugar en el que te encuentres, incluso mientras caminas por la calle. Cuando necesites su fuerza, imagínate que te apoya o que camina a tu lado.

Las emigraciones

Este ejercicio está enfocado a aquellas personas que en su árbol familiar tienen una historia de emigración a otro país, en muchas ocasiones con una cultura muy diferente a la suya, o incluso a otra región dentro de su propio país.

Para empezar, reflexiona durante unos minutos acerca de tu vida como emigrante, o sobre la emigración de tus antepasados, si es el caso. Anota en un papel, o piensa en lo que has vivido o en lo que tuvieron que vivir tus antepasados al emigrar, siempre según las noticias que tengas o lo que te hayan contando. Piensa y anota lo que debieron de sentir tus familiares o amigos que se quedaron en su lugar de origen, y de los cuales tuviste o tuvieron que separarse, imaginando cómo se debieron de sentir. Refleja todo lo bueno y lo malo de tu experiencia, tu dolor y tus esperanzas al emigrar, o los de tus antepasados.

Busca, a continuación, dos objetos, uno que simbolice el país natal de tus antepasados o el tuyo, si has emigrado, y el otro, el país al que han llegado o al que llegaste y que os ha acogido. Puedes utilizar unas banderas que representen a los dos países, aunque también resulta muy útil un poco de tierra de ese lugar, si es que la tienes. Si eres descendiente de emigrantes, busca una bandera que represente el país natal de tus antepasados.

Colócate delante de la bandera de tu país de origen o del de tus antepasados y di las siguientes palabras: «Gracias, eres mi madre patria, la tierra que me acogió al nacer (o la que acogió a mis antepasados). Tú vives en mí y ocupas un lugar importante en mi corazón».

A continuación, colócate delante de la bandera del país de acogida (o el que acogió tus antepasados) y pronuncia las siguientes palabras: «Gracias por recibir a mis antepasados (o a mí) y darles(nos) un hogar, un trabajo y un futuro». En el caso de que decidas regresar a tu país de origen, completa la frase diciendo: «Y ahora, con agradecimiento, regreso de nuevo a mi hogar con todo lo aprendido. En mi corazón vivís los dos países en armonía». Asimismo, si fueron tus antepasados los que emigraron, puedes completar la frase del siguiente modo: «Tomo todo el esfuerzo y sacrificio que vivieron mis ancestros y, en honor a lo que ellos vivieron y pasaron, me permito tener una vida plena».

Si ya naciste en el país al que tus antepasados emigraron, honra al país de origen de tus ancestros, porque una parte de la cultura de ese país también vive en tu persona.

La metáfora más clara para representar este trabajo es la de una planta que crece en una maceta y, después, como le queda pequeña, se debe trasplantar a otra más grande, que le permite crecer y adquirir vitalidad. La tierra de las dos macetas es de vital importancia para su desarrollo. Lo mismo ocurre con los países que nos ven crecer y que nos permiten desarrollarnos y echar raíces que nos proporcionan estabilidad.

Las guerras

En la guerra, el ser humano debe cerrar su corazón para poder vivir con la violencia que se genera. Las guerras deshumanizan y crean un trauma que es la huella que deja esa experiencia dolorosa, y el dolor impide ver.

Hay que hablar de ese pasado, debemos abandonar la cultura del silencio, para poder trascenderlo y así cerrar el trauma, pero el daño de la guerra no se sana manteniendo vivo el deseo de venganza ni a través del triunfo de un bando sobre el otro, sino por medio del amor. La paz se establece cuando lo pasado puede ser pasado.

Hay personas que siguen viviendo en una guerra en su interior. Y no es nada beneficioso para la propia persona, que muchas veces acude a mi consulta con problemas de ansiedad, adicción y un sentimiento de que el mundo la está excluyendo. A veces, la persona, aunque quiere perdonar y sanar, no logra encontrar la manera de hacerlo, y existen fuertes resistencias interiores. Quiere aprender a transmutar su propio odio y deseo de venganza.

La víctima y el verdugo forman parte de la historia de un país. Para sanar hay que interesarse por las dos partes. Tiene que haber una mirada humana y no política. Las personas que hicieron daño tienen que asumir su responsabilidad. La parte sanadora consiste en ver que también esas personas sufrieron. El depredador también es un ser humano, es un individuo que también es padre, hijo, esposo, hermano y ciudadano, que en algunos casos cumplía órdenes. Perpetrador y víctima, o sus descendientes, estarán desorientados en sus actos mientras no puedan pasar página y dejar lo ocurrido atrás viendo y respetando el dolor del otro.

Llevar la compresión del amor a lo que ocurra en la guerra es un reto de mayor magnitud, unir perpetrador y víctima es opuesto a la tendencia habitual, que es acudir a la venganza. El odio genera exclusión y, en ese sentido, los excluidos derivados de la guerra se podrían tratar de un modo semejante a los de una familia. Se necesita menos exclusión y más inclusión.

Ampliar la conciencia significa dejar de identificarnos con una conciencia individual, familiar, social, nacional, y subir de nivel para podernos identificar con una conciencia más humana, donde reine el amor, la paz y la conciliación. La paz no será, entonces, el producto del triunfo por aniquilación o sometimiento del otro, sino del acuerdo, de la cooperación.

Para poder tomar conciencia del dolor de la guerra y poderte liberar de sus consecuencias, puedes realizar el siguiente ejercicio.

Puedes tener la ayuda de otras personas, emplear papeles u objetos, que colocarás en el suelo, o emplear la visualización.

Coloca frente a frente a las personas originariamente implicadas en la guerra, sean las que seas, y del país que sea. Por ejemplo, sitúa a los dos bandos de la guerra civil española. Coloca a estos individuos en dos filas, una frente a la otra.

Detrás de cada uno de ellos, de ambos bandos, colocas, o imagínate a todos sus familiares: padres, madres, hermanos, mujeres, hijos, nietos, etc.

Imagínate, a continuación, cómo podrían haber reaccionado los integrantes de una familia ante una guerra, cómo se sentirían al saber que un familiar se tiene que ir al frente jugándose la vida y cómo se sentirían al pensar en vivir sin la presencia de ese familiar en casa durante un tiempo o para siempre.

Visualiza o imagínate en ambos bandos para ver el dolor del padre y de la madre con sus hijos muertos víctimas del otro bando. Haz lo mismo con los hijos, huérfanos de la guerra, ya que sus padres fueron asesinados en la batalla por el bando contrario. Son hijos de la guerra, y, por tanto, hijos de la rabia.

Imagínate o pídeles a los perpetradores que consignan ver lo que han hecho a los demás, lo que los demás han sufrido por las consecuencias de sus acciones en los dos bandos de la guerra.

Observa a los muertos de la guerra de los dos bandos. Los perpetradores y las víctimas de ambos bandos muertos frente a sus padres, hermanos, mujeres e hijos. Estas víctimas son hombres, mujeres, niños, bebés o ancianos. La guerra no establece distinciones.

Sigue visualizando cómo ambos bandos empiezan a llorar a los muertos, lloran por todo lo que se perdió. Su llanto es el mismo, y su dolor también. Siente el dolor y los gritos desgarradores de las madres, padres, hijos y familiares.

Entonces, tú, quizá por primera vez, puedas mirarlos a los ojos y seas capaz de ver a cada uno de ellos, de ambos bandos, como seres humanos, con los mismos derechos y la misma dignidad.

Para finalizar, únete al dolor por las víctimas de ambas partes y al sufrimiento de todos. Es la reconciliación entre conquistadores y conquistados. Ahora, ellos también se pueden mirar a los ojos y reconocer en el otro su dolor, que es idéntico. Lloran juntos, se reconcilian y encuentran paz, al igual que tú.

«Los grandes conflictos son la forma más destructiva de manifestación de la buena conciencia que se produce cuando alguien se considera mejor que otro y, en consecuencia, se siente justificado para todo lo que le cause al otro. Muchos consideran la buena conciencia como algo sagrado, y es la fuerza que subyace en los más crueles conflictos».

BERT HELLINGER

La paz comienza en el alma individual, con la apertura de corazón de cada individuo. Lo que antes hemos desechado, reprimido y lamentado puede, por fin, ocupar un lugar en nuestro interior. Lo que antes se enfrentaba ahora se une.

Perdonar para ser libre

Todos los seres humanos hemos estado enfadados en algún momento de nuestras vidas con algún miembro de nuestro sistema familiar por diferentes motivos, pero si no cambiamos nuestro interior, y únicamente esperamos que cambien los otros y las situaciones, no conseguiremos lo que deseamos en esta vida. La única manera de modificar algo es cambiando uno mismo.

Cuando pienso «No se lo puedo perdonar», significa que todavía vivo atado al pasado, que el corazón está repleto de rencor hacia algún familiar, y no conseguiré nunca la paz interior. Por otro lado, tenemos también la opción de «perdonar». Si lo hacemos, entonces, tanto nuestro cuerpo como nuestro interior, se calman y podemos relajarnos. Nos liberamos del hechizo del pasado y conseguimos paz y libertad de espíritu.

Perdonar no significa que damos el visto bueno a lo que nos han hecho ni que lo pasamos por alto. Perdonar significa que nos liberamos del pasado que nos ata, que dejamos de hacer reproches y que escogemos la calma de los momentos presentes. Te liberas de todo aquello que puedas estar heredando de tus ancestros, familia y personas que te rodean y que no te corresponde. Con el perdón, nace una nueva comprensión y compasión que te libera.

Si estás dispuesto a renunciar a tener razón y a alejarte del rol de víctima, sigue estos ocho pasos que propongo para conseguir perdonar. Tendrás la posibilidad de dar un giro claramente favorable a tu vida, si lo pones en práctica con aquellas personas que hasta ahora no has conseguido perdonar y a quienes todavía les reclamas algo.

1. *Haz una lista con aquellos familiares a los que «no puedes perdonar».* Anota en un papel el nombre de aquellas personas de tu sistema familiar sobre las que piensas: «Me sentiría mejor si pudiera perdonarlo» o «Lo culpo de que hoy esté así».
La relación con los padres es especialmente importante. Pregúntate si le reprochas algo a tu padre o a tu madre, o si realmente les estás agradecido. Este paso sigue siendo válido incluso aunque aquella persona ya haya fallecido.

2. *Expresa tus sentimientos.* Prepara varios papeles y anota tus sentimientos hacia esa persona. Escribe los sentimientos que tenías en esos momentos en situaciones concretas. Si aparecen sentimientos de ira, puedes expresarlos con las palabras que se le ocurran, aunque sean malsonantes, y también físicamente golpeando un cojín o una almohada. Si recuerdas la tristeza y el dolor que sentiste, tam-

bién puedes anotar estos sentimientos. Escribe tus sentimientos tal procedan de tu interior. Nadie va a leer el papel, de manera que no hace falta que te controles. Si tienes ganas de llorar, llora tanto como quieras, porque después te sentirás mejor. Saca a la luz todos los sentimientos sin ningún tipo de censura.

Cuando creas que ya has escrito todo lo que sientes, detente y rompe el papel. Tíralo a la papelera.

3. *Busca los motivos de aquellos actos, la intención positiva que hay detrás de la acción.* Anota lo que te hizo aquella persona a la que no puedes perdonar, e imagina y escribe los motivos que llevaron a aquel individuo a actuar de esa manera.

Los motivos que hacen actuar a las personas se pueden dividir, a grandes rasgos, en dos tipos: querer sentir placer y evitar sentir dolor. Piensa entonces qué placer deseaba sentir aquella persona que te hizo actuar de esa manera. O bien qué dolor pretendía evitar. Imagínate las causas y anótalas.

Cuando acabes, no juzgues como «erróneos» los motivos; por el contrario, intenta comprender la inmadurez, la torpeza y la debilidad de aquella persona. Los seres humanos cometemos errores con bastante frecuencia. Por ejemplo, hacemos algo pensando que nos hará sentir alegría, pero nos termina haciendo sufrir. A veces, actuamos para evitar algún sufrimiento, pero lo único que conseguimos es más dolor. Debemos comprender que los actos de los otros pueden deberse a su inmadurez, su poca habilidad y su debilidad. No debes pensar en si los actos de los otros eran correctos o erróneos, es necesario que te centres en los motivos que los llevaron a actuar, y que pronuncies las siguientes palabras: «Al igual que yo lo puedo desear, él también deseaba sentir placer» o «Del mismo modo que yo lo puedo desear, él también deseaba evitar sentir dolor».

4. *Escribe aquello que puedes agradecerle.* Anota todo lo que puedas agradecer a aquella persona. Aunque parezca insignificante, escribe pequeñas cosas, todo lo que puedas. Aunque necesites mucho tiempo, intenta recordar lo máximo posible.

5. *Utiliza la fuerza de las palabras, frases curativas.* En primer lugar, realiza la siguiente declaración: «Para mi propia felicidad, calma y libertad perdono y libero a…». A continuación, repite: «Perdono y libero a…». Si es posible, repítelo en voz alta. No hace falta que lo sientas en el corazón. Aunque los sentimientos te digan «no le puedo perdonar», puedes simularlo. Repítelo durante más de diez minutos. Y, si es posible, durante media hora. Éste es un paso crucial. Te aconsejo que hagas bien este paso, ya que sólo después, con el paso del tiempo, empieza a aparecer el «sentimiento de agradecimiento». Primero es el pensamiento y después aparece el sentimiento.

6. *Escribe aquello de lo que querrías disculparte.* Escribe aquello de lo que querrías disculparte con esa persona, y cuanto más, mejor. Es posible que con tu actuación hacia esa persona, consciente o inconscientemente, también le causaras dolor. Salir del rol de inocente es bueno para crecer. Reflexiona y pide disculpas.

7. *Anota aquello que has aprendido.* Toda relación conlleva un aprendizaje. Reflexiona sobre lo que has aprendido gracias a la relación con aquella persona. A continuación, piensa en cómo hubieras tenido que tratar a aquella persona, ya que quizá puedas darte cuenta o aprender algo nuevo. ¿Cómo crees que podrías haber tratado a aquella persona para conseguir que los dos fuerais más felices? Asumir tu propia responsabilidad te hará libre, a la vez que crecerás y no tendrás que seguir repitiendo continuamente patrones de dolor y sufrimiento.

8. Pronuncia las siguientes palabras: «Le perdono y libero y, de esta manera, me libero a mí mismo». Di las siguientes palabras: «Perdono y libero a…, y, así, yo mismo soy también libre». Ejemplo: «Hoy libero y me libero de mi padre (nombre), por sus maltratos y su alcoholismo», «Hoy libero y me libero de mi madre (nombre), por su carácter sumiso y su abandono…», «Hoy corto cualquier lazo con esas memorias y me libero de todas las cargas que no me corresponden».

No importa si después de haber realizado los ocho pasos todavía persiste el sentimiento que te impide perdonar. En este caso repite el apartado 2 del paso 5. Repite «Gracias... (el nombre de la persona)», mientras recuerdas su cara. Si es posible, repítelo cada día durante más de cinco minutos. Unos días después deberías advertir un cambio.

Mira a la derecha y a la izquierda y grita con fuerza la palabra «¡libertad!» a tus ancestros. Si tenemos el corazón siempre lleno de agradecimiento, ocurrirán más acontecimientos que nos harán sentir más agradecimiento.

REVUELTA CURATIVA

Si has llegado hasta aquí, significa que has conseguido hacer un buen trabajo de sanación de tu árbol genealógico, por eso es posible que vivas lo que se llama una revuelta curativa, ya que son muchos los descubrimientos que han destapado emociones ocultas.

A veces, pero no en todos los casos, después de haber removido muchas cosas del pasado para sanarlas y liberarte de cargas, te puedes encontrar un poco peor, más confundido, triste y con cierto malestar. No te preocupes, es normal, porque has movido muchas cosas para cambiar. Durará simplemente unos días y después empezarás a sentirte mucho mejor. En una crisis curativa puede ocurrir esta sensación de empeoramiento, pero no siempre es así. La sensibilidad emocional está a flor de piel, debes ser prudente con las decisiones que puedan impactar en tu vida en este momento; sé paciente. La crisis puede ocurrir de manera inmediata durante o después del tratamiento de transformación interior.

Si haces una reforma en una casa, cuanto mayor sea la reforma, mayor será el cambio, pero para ello, necesitas mover muchos muebles y cosas. Puede parecer que tu casa es un gran caos, y en realidad lo es, pero sólo momentáneamente. El propósito de este caos es que después reinen el orden, la armonía y la estética. No tomes decisiones trascendentales en este período de tiempo (separaciones, divorcio, cambios importantes como un nuevo trabajo, cierres emocionales y afectivos, mudanzas, etc.).

A nivel familiar ocurre exactamente lo mismo, removemos emociones y regresamos al pasado con la intención de sanar. Los códigos, creencias y principios que teníamos muy establecidos y grabados como dogmas de vida acaban desapareciendo, y eso nos puede descolocar, porque nos sacan de la zona de confort, pero esto es necesario para seguir avanzando y evolucionando, para poder soltar aquello que quedó encriptado en un período anterior; así, de esta manera, entra algo nuevo. Atravesar el vacío alberga la posibilidad de crear todo lo nuevo.

Trascender tu árbol genealógico te permite vivir tu propia vida, así como resolver tomando consciencia y actuando. Lo que te regalas a ti se lo regalas a ellos y también a tus propios descendientes. Sé el héroe.

Características de una crisis curativa:

- Confusión: tu mundo, en el que hasta ahora creías, se viene abajo. La vida te obliga a salir de tu zona de confort y a reinventarte, pero siempre para algo mejor.
- Risa repentina: la risa es una emoción secundaria que esconde una emoción primaria más profunda y dolorosa. Al igual que el llanto puede llegar sin razón, algunas personas tienen la necesidad de reír sin control para liberar emociones. Al hacerlo, dejas espacio para que entre lo nuevo.
- Síntomas físicos: puedes tener diarrea, dolor de cabeza, malestar corporal, frío o calor, fiebre. La razón es que el cuerpo busca una salida a todo lo que no es útil en el momento actual y que ya ha cumplido su función. Forma parte del proceso de cambio.
- Ganas de llorar: de repente, se tiene ganas de llorar sin razón aparente, y lo mismo sucede cuando viene a la mente algún recuerdo y/o vivencia.
- Cambios en el humor: en un determinado momento estás bien y al instante siguiente sientes un gran vacío y confusión. Recuerda que esta última es la puerta al aprendizaje. Todo lo nuevo está por llegar. Recíbelo.

No te asustes con los síntomas anteriores, ya que no ocurren en todos los casos y, a veces, la intensidad de los síntomas es mínima y no todos se manifiestan a la vez. Todo ello es un proceso normal y natural que el cuerpo necesita: vivir, sanar y remontar para llegar a su centro, para lograr el equilibrio. Somos personas que guardamos muchas cargas emocionales, vivencias y experiencias y, cuando te sometes a este trabajo tan emocional, el cuerpo busca la vía de escape para poder liberar lo que ya no es necesario seguir cargando a todos los niveles, tanto físico, como emocional y sentimental.

AGRADECIMIENTO A LOS ANCESTROS

Cuando honras a tus ancestros, entras en contacto con tu propia memoria familiar, y ellos se convierten en una energía benevolente contigo. Los ancestros son tus aliados, son los guías ideales para la curación de tu familia, ya que les interesa que las futuras generaciones tengan una vida próspera y saludable. Son una tremenda fuente de curación, de empoderamiento y nutrición en tu vida cotidiana. En la medida en que los honres y les des las gracias, puedes sentir cómo tu cuerpo se llena de una gran fuerza que te impulsa a trabajar hacia nuevas metas.

Puedes redactar una carta con palabras de agradecimiento al ancestro o a los ancestros por la conexión que has tenido con él, o ellos, así como por el aprendizaje. Diles lo que has sentido y, desde el más profundo agradecimiento, devuélveles aquello que no te pertenece y que es de ellos, para así poder empezar una nueva vida libre de esos programas. Recuerda la máxima «todo es por Amor y hay que devolverlo con amor».

Después, puedes quemar la misiva, confiando en que la energía les llegará. Con este agradecimiento también recibes sus bendiciones. Sin importar los errores que hayan podido cometer tus antepasados, debes dar las gracias por la herencia que te han dejado.

Otra manera de honrarlos y de darles las gracias es creando un pequeño altar para ellos. Así, los tienes presentes en tu vida, e incluso puedes mantener conversaciones con ellos, pidiéndoles ayuda y consejo para aquello que necesitas en cada momento. Los ancestros poseen una inmensa riqueza de sabiduría y conocimiento, disponible en el momento en que decidas preguntarles.

También es muy bueno hacer algo que te guste y disfrutar con ello, mientras dices: «Hoy quiero dedicarte esto, y voy a disfrutar con ello con alegría. Ésta va a ser mi manera de honrarte y darte las gracias por todo lo que me diste y aún me das». Ofréceles también todos tus logros y tus éxitos, y así tu vida se llenará de dicha. Al ponerte en contacto con tus ancestros, al conectar con ellos en tu interior, abres la puerta a los portales que contienen la sabiduría y el conocimiento del pasado. Este último es necesario para crear tu nueva vida más consciente. Tus antepasados están aquí contigo ahora mismo, celebrando todos tus pasos. No estás solo, estás siempre en conexión.

Ahora que te has dirigido a tu pasado y has mirado con amor la historia de todos tus antepasados que te han dado la vida, ya que el pasado familiar está vivo dentro de ti, es cuando tienes la posibilidad de crear y diseñar tu mejor futuro potencial.

«Eres el buscador de tu árbol genealógico, tú llevas luz a tu árbol».

QUIÉN SOY

Cuando echo la mirada atrás y veo dónde estaba y dónde estoy ahora, tengo la certeza de que hacer un trabajo personal funciona. En un momento del pasado, casi tiro la toalla y me rindo, pero cuando utilizas las herramientas adecuadas con un buen profesional y existe una actitud de constancia y responsabilidad, es posible superarse y trascender tus límites.

Quiero compartir contigo algunas de las limitaciones que he podido superar:

- Hablar en público.
- Dificultad para tener pareja.
- Crecer con una madre adelantada a su tiempo.
- Miedo a la autoridad.
- Gran timidez.
- Afrontar cara a cara el alzhéimer y otras enfermedades.

Este proceso doloroso me hizo comprender que todo por lo que he pasado en la vida ha sido un conjunto de experiencias que me han ayudado a ver la gran fuerza y el coraje que se halla dentro de mí. En mis libros y artículos me desnudo emocional y psicológicamente, y comparto los retos dolorosos a los que la vida me ha obligado a enfrentarme y superar, sirviendo de inspiración para otras personas, transmitiéndoles un mensaje de optimismo. Sé que no hay atajos en el camino espiritual, y por eso continúo en constante aprendizaje.

Si tú también tienes bloqueos y limitaciones, yo te acompañaré, transmitiéndote, además de mis conocimientos, la confianza y certeza de que puedes lograrlo.

FORMACIÓN

Psicóloga y psicoterapeuta con más de veintiocho años de experiencia.

Licenciada en psicología por la Universidad de Santiago de Compostela (número de colegiada G 498), 1977-1982.

Educadora especializada en marginación social, título expedido en Santiago de Compostela (1983-1986).

Formación en constelaciones familiares por Suravi, y, en 2003, Tarragona, por Svagito Liebermeister.

Pedagogía sistémica por Bert Hellinger, en 2006, en Sevilla.

Chamanismo y constelaciones por Daan Van Kampenhout, en 2007, en Madrid, y constelaciones organizacionales y empresariales, en 2008, en Barcelona por Celio Regojo.

Formación en leyes del liderazgo y el éxito en el trabajo y en las organizaciones, en 2009, en Barcelona, por Bert Hellinger y M.ª Sophie.

Entrenamiento intensivo en Hellinger Science, en 2009, en Barcelona por Bert Hellinger y M.ª Sophie.

Formación en constelaciones y sanación del trauma, en 2009, en Tarragona, por Svagito Liebermeister.

Chamanismo y constelaciones familiares, en 2014, en Barcelona, por Daan Van Kampenhout.

Constelaciones y sanación del shock y trauma, en 2014, en Barcelona, por Fran Ruper.

Constelaciones organizacionales por Gunthard Weber, en 2015, en Bilbao.

Salud sistémica por Stephan Hausner, en 2016, en Barcelona.

Formación en intervenciones sistémicas en empresas familiares, en 2018, en Madrid, por Ingala Robl.

Más formación:

Método Silva de control mental, en 1990, en Vigo.

Curso de Anatheoresis. Técnicas Regresivas, en 1993, en El Escorial, por Joaquín Grau.

Máster Practitioner y Sensory System, en 1995.

Practitioner Trainer en programación neurolingüística, organizado en 1996.

Máster del Instituto Potencial Humano de Madrid, en 1997.

Trainer Tim Ingarfield y Gustavo Bertolotto, en Madrid.

Curso de meditación e hipnosis, en 1997, en Sigüenza, por Ruckiraketu y John McWhirter.

Psicomagia y psicogenealogía, con Alejandro Jodorowsky, en 2002, en Madrid.

Meditación y creatividad (Art Instructor Training), de diciembre de 2005 a enero de 2006, en India, por Meera.

The work con Bryron Kate, en 2006, en Suecia.

El Doble. Teoría del desdoblamiento del tiempo, en 2013, en Barcelona, por L. M. Garnier Malet.

Mi gabinete de psicología está en Barcelona, y, a la vez, imparto grupos, talleres y formaciones en diferentes ciudades de España y Sudamérica.

MIS LIBROS

Para mí, escribir es cada vez más una necesidad. En la escritura de cada libro me sumerjo en el interior de mí misma, haciendo un profundo trabajo personal. Siento que cada uno de ellos ha tenido un efecto sanador e mí, y espero que en ti ocurra lo mismo y te ayude a evolucionar como ser humano. Tengo publicados los siguientes libros:

Regresiones, revivir el pasado para sanar el presente. Barcelona: Editorial Hispano Europea, 2013.

Constelaciones familiares, la reconciliación con nuestras raíces desde el amor. Barcelona: Ediciones Obelisco, 2014.

Una mirada al alzhéimer y a las enfermedades a través de las constelaciones familiares. Barcelona: Ediciones Obelisco, 2016.

Mi web: https://lolademiguelcampos.com/

Mi canal de YouTube: Lola de Miguel Campos Oficial: www.youtube.com/channel/UCi8CmHNJ-QX_JCd4QXKgk1Q

BIBLIOGRAFÍA

BACH, E.: *Por amor a mi familia. La fuerza emocional del vínculo con nuestros padres.* Plataforma, Barcelona, 2013.

BELMONTE, L. C.: *La otra herencia: guía fácil de constelaciones sistémicas.* Mandala, Madrid, 2015.

—: *El mejor regalo: el arte de dar y recibir en equilibrio.* Ed. Lola C Belmonte, Madrid, 2018.

BLAINE, B.: *El árbol genealógico: guía para el uso de las pruebas de ADN y genealogía genética.* Ediciones Obelisco, Barcelona, 2019.

BOURQUIN, P.: *Las constelaciones familiares. En resonancia con la vida.* Desclee de Brouwer, Bilbao, 2014.

—: *El gemelo solitario.* Desclee de Brouwer, Bilbao, 2014.

—: *Las fuerzas que sanan.* Desclee de Brouwer, Bilbao, 2017.

—: *Trauma y presencia.* Desclee de Brouwer, Bilbao, 2018.

CALBET, R.: *Creatividad para vivir.* Granica, Barcelona, 2018.

CANAULT, N.: *Cómo pagamos los errores de nuestros antepasados.* Ediciones Obelisco, Barcelona, 2019.

CHAMPEYIER DE RIBES, B.: *Las fuerzas del amor: las nuevas constelaciones familiares.* Gaia, Madrid, 2018.

CORBERA, E.: *Biodescodificación. El código secreto del síntoma.* Índigo, Barcelona, 2012.

DANCOURT, D.: *Luces y sombras del árbol genealógico.* Librería Argentina (Uni Yoga), Madrid, 2015.

Day, J.: *Visualización creativa para niños*. Los libros del comienzo, Madrid, 1996.

De Miguel Campos, L.: *Revivir el pasado para sanar el presente*. Hispano Europea, Barcelona, 2012.

—: *Constelaciones familiares, la reconciliación con nuestras raíces dede el amor*. Ediciones Obelisco, Barcelona, 2014.

—: *Una mirada al alzhéimer y a las enfermedades a través de las constelaciones familiares*. Ediciones Obelisco, Barcelona, 2016.

Dykstra, I.: *El alma conoce el camino: constelaciones familiares con niños y jóvenes*. Ediciones Obelisco, Barcelona, 2007.

Flores, M.: *La transmisión intergeneracional de la pobreza: factores, procesos y propuestas para la intervención*. Cáritas Españoles Editores, Madrid, 2016.

Franken, U.: *Cuando cierro los ojos te puedo ver*. Alma Lepik, Buenos Aires, 2005.

Garriga, J.: *El buen amor en la pareja*. Destino, Barcelona, 2013.

—: *Dónde están las monedas*. Rigden, Barcelona, 2017.

Gawain, S.: *Visualización creativa*. Sirio, Málaga, 2012.

Goleman, D.: *La inteligencia emocional*. Kairós, Barcelona, 1996.

Granier M. y Jean P.: *Cambia tu futuro por las aperturas temporales*. Reconocerse, Barcelona, 2012.

—: *El doble… ¿cómo funciona?* Reconocerse, Barcelona, 2012.

Hausner, S.: *Aunque me cueste la vida*. Plataforma, Barcelona, 2017.

Hellinger, B.: *El intercambio*. Rigden, Barcelona, 2006.

—: *Imágenes que solucionan*. Alma Lepik, Buenos Aires, 2006.

—: *Pensamientos en el camino*. Rigden, Barcelona, 2006.

—: *Viajes interiores*. Rigden, Barcelona, 2007.

—: *Después del conflicto, la paz*. Alma Lepik, Buenos Aires, 2008.

—: *Pensamientos de realización*. Rigden, Barcelona, 2009.

—: *El amor del espíritu*. Rigden, Barcelona, 2009.

—: *Los órdenes del amor*. Herder, Barcelona, 2011.

—: *Historia de éxito en la empresa y el trabajo*. Rigden, Barcelona, 2011.

—: *Los órdenes de la ayuda*. Alma Lepik, Buenos Aires, 2012.

—: *Pensamientos divinos*. Rigden, Barcelona, 2014.

—: *Felicidad que permanece*. Rigden, Barcelona, 2017.

Husaruk, G.: *Liberar el pasado a las constelaciones familiares*. Ediciones Obelisco, Barcelona, 2015.

Jodorowsky, A.: *Metagenealogía*. Ed. Debolsillo, Madrid, 2016.

Jodorosky A. y Costa, M.: *Metagenealogía*. Ed. Debolsillo, Madrid, 2014.

—: *Árbol genealógico como arteterapia y búsqueda del yo esencial*. Siruela, Madrid, 2011.

Levine, P. A.: *Trauma y memoria*. Eleftharia, Barcelona, 2018.

Liebermeister, S. R.: *Constelaciones familiares. Las raíces del Amor*. Gaia, Madrid, 2007.

—: *The Zen way of counseling*. Gulaab, Londres, 2010.

Linder Hintze, R.: *Cómo sanar tu historia familiar: 5 pasos para liberarse de los patrones destructivos*. Gaia, Madrid, 2013.

Marrone, M.: *La teoría del apego: un enfoque actual*. Psimatica, Madrid, 2009.

Maston-Lerat, M. N.: *Psicogenealogía en torno al dinero y al éxito*. Ediciones Obelisco, Barcelona, 2015.

Nieto, M.: *Nuevas genealogías. ¿Cómo abordar el árbol genealógico en el siglo XXI?* Mireia Nieto, Barcelona, 2014.

—: *Aprende a hacer tu árbol genealógico*. Mireia Nieto, Barcelona, 2016.

—: *Genealogía viva*. Mireia Nieto, Barcelona, 2019.

Noguchi, Y.: *La ley del espejo*. Comenzar, Barcelona, 2009.

Ravier, L.: *Coaching humanista*. Unión Editorial, Madrid, 2017.

Robl, I.: *Constelaciones familiares para la prosperidad y la abundancia*. Eleftheria, Barcelona, 2014.

Rüdiger, D.; Dethlefsen, T.: *La enfermedad como camino*. Debolsillo, Madrid, 2017.

Schützenberger, A. A.: *¡Ay, mis ancestros!* Omeba, Buenos Aires, 2008.

Stam Jam, J.: *Coaching sistémico: trabajo sistémico sin constelación*. Systemic Books, 2016.

—: *Alas para un cambio: desarrollo sistémico de las organizaciones*. Systemic Books. 2016.

—: *Liderazgo sistémico*. Systemic Books, 2018.

Ten Hovel, G. y Hellinger, B.: *Reconocer lo que es*. Herder, Barcelona, 2000.

ULSAMER, B.: *El oficio de las constelaciones familiares.* Ediciones Obelisco, Barcelona, 2013.

VAN EERSEL, P. y MAILLARD, C.: *Mis antepasados me duelen.* Ediciones Obelisco, Barcelona, 2004.

VAN KAMPENHOUT, D.: *Las lágrimas de mis ancestros.* Alma Lepik, Buenos Aires, 2007.

—: *La sanación viene desde fuera.* Alma Lepik, Buenos Aires, 2012.

WEBER, G.: *La felicidad dual.* Herder, Barcelona, 2016.

ÍNDICE